持續U成功：upward

蔡壘磊 著

超越關鍵的一點點，就能獲得資源與好運！

上行，是一個人的成長之路

透過累積自己的客觀條件，

豐富自我的精神世界，

進而讓生命自由度不斷提升的過程。

contents

目次

Chapter 2

上行：孤獨的逆風之旅

contents

Chapter 3 時間：最珍貴的生產工具

Chapter 4 社交：穿透人心的藝術

contents

Chapter 5 影響力：做值得追隨的人

Chapter 6 賺錢：人人都能做好的事

contents

Chapter 7

投資：耐心的致富之路

Chapter 8 驅動：掃除行動障礙

—推薦序—

不只是致富與成功，而是成為更好的自己

面對現今國際政經局勢混亂的時代，很多人不免感到迷茫跟悲觀。而在中國大陸，甚至許多青年開始選擇「躺平」，認為社會階級流動的「上行」之路已經關閉，現在已經是拚爹的時代，沒有好爸爸好出身，人生幾乎難以走向成功。

但事實絕對不是這樣，這本由中國大陸新銳作家蔡壘磊所著作的《持續成功：超越關鍵的一點點，就能獲得資源與好運》就告訴我們，「你可以不一樣」，你可以不當那個平均數。很多人都期待財富自由，但其實我們要的不是財富，而是自由，自由是不被他人奴役，能做自己想做的事情，成為自己想要成為的人。

然而，想要達到自由的境界，你必須要先強大起來，不論是精神層面還是自身的客觀條件。所以我們要積極地向社會階層的上端流動。所以比起賺錢，我們更需要的是提升自己的「認知」，從內在改變自我。比起想要豪車、別墅，如何成為更有社會

資源、更能解決問題的人，才是當務之急。

而這整個過程就是提升自己的競爭力，但我們傳統東方教育，學習往往是被動的，就是讓所謂的老師把已經形成體系的知識灌輸給我們。但學校的這種被動學習，反而讓人出了社會停下了學習腳步，甚至認為都已經在工作了，學習是學生的事情。

但學習是永無止盡的，人跟人最大的差異，是在於能不能在變動的時代下不斷地自我升級跟自我改進。只要贏過昨天的自己，我們就會成為更好的人。不要覺得自己不行，在這本書中，作者蔡壘磊提供了許多實用的方法，讓你可以成為更好的自己。

如何確定屬於你的生涯目標；怎樣管理好時間；做好社交管理，為自己創造貴人圈與機遇，最終，成為一個有影響力的人，為世界帶來正向價值。在這本書中，涵蓋了幾乎人生會遇到的方方面面，你的煩惱都能在其中找到解答。透過這本書，你所學到的，將不只是單純的如何賺錢與成功，更重要的是，成為一個更好的自己。

何則文

暢銷作家、職涯實驗室社群創辦人

—推薦序—

人生沒有生不逢時，只有義不容辭！

我是七年級生。記得有陣子工作累、負擔重，忙到身心俱疲，那時特別喜歡看一些「世代比較文」，有的文說「六年級是幸福，七年級是不幸，八年級是幸運」；有的文統整「七年級十大衰事」，像是大學學歷貶值、少子化成年壓力大、薪資凍漲領22K、房價暴漲買不起房。這些文讓我深感共鳴，愈讀愈心酸，覺得自己真的是生不逢時。大時代環境差，好處都被上個世代拿光了，然後還要酸七年級生是草莓族。既然無力抵抗時局的輾壓，那起碼顧盼自憐讓自己好過一點。

若是本書作者蔡壘磊當時知道了，一定箭步衝上來，啪啪！搧我兩巴掌！然後告訴我：「上行通道從未關閉，只不過那些上行的人不是你而已！」沒錯，把責任推給生不逢時很容易，但那往往只是為自己的懶惰合理化。這裡的懶惰指的不是你不工作，而是指你埋頭傻做、勤於抱怨，卻懶得思考更好的職涯戰略、也懶得動身尋找新的機會點。

看到這裡，如果你還是只想抱怨時運不濟，那麼你可以轉身離開了；但如果你想開始做一點點的改變，跳脫時局的糾纏，創造自己的時代。那麼你一定要好好讀完蔡壘磊的《持續成功：超越關鍵的一點點，就能獲得資源與好運》！因為他就是持續成功的最佳代言人。

這本書把成功分成八大主題，分別是觀念、上行、時間、社交、影響力、賺錢、投資、驅動。我特別認同這樣的分類，既理想，又務實。很多「勵志書」告訴你要成功，寫了滿滿的雞湯故事和金句，就是沒告訴你怎麼做；許多「理財書」告訴你怎麼買賣股票，放了一堆數據和圖表，但卻沒告訴你怎麼準備理財的本金。以至於有些人讀勵志書自我感動，卻從未行動；有些人讀著理財書荒廢本業，豪賭股票。而《持續成功》這本書，最令我激賞的是，教你如何專注「學習成長」，創造自己的影響力，這是你立於不敗之地的「本金」；再教你如何「賺錢投資」，讓你的財富如雪球般滾動，這是能讓你睡得安穩的「理財」。

在讀《持續成功》這本書時，我發現自己運氣挺好，因為書中的一些觀念，印證了我這幾年來的爆發成長，不是瞎矇，確實有其根據。像是壘磊說：「進步是有複利的，之所以還沒察覺，是因為還沒遇到改變的契機。」五年前，我發現當老師很安穩，一不小心，也容易讓自己懈怠。所以我逼自己每天在網路上寫作，分享自己的教學創意。一開始寫得慢不說，還沒什麼人看。但我知道複利的力量，就這樣持續寫兩年不紅的文，直到後來我有一篇文爆紅，出版社發現了，邀約我出書，從此我多了另一個身分：作家。壘磊又說：「所謂的時間管理，是先填滿，再優化。」因為當你對自己不夠狠時，你很容易被瑣事填滿，還以為自己做了很多事。三年前，我意識到除了工作外，其他時間很容易不知不覺溜走，於是我開始填滿時間：付費上課、辦講座、寫書評、寫影評、參加讀書會。神奇的是，愈填滿，我反而開始思考怎樣提升效率，而往後的各種邀約合作機會也紛至沓來。

當然，如果只用我過去的經歷來印證這本書，實在有自我感覺良好之嫌。《持續成功》之所以可貴，在於即便我現在發展不錯，但讀這本書時，書裡有許多觀念仍然給我當頭棒喝。套一句動漫《網球王子》越前龍馬的話：「你還差得遠呢！」好比書裡提到，我們常說要跳脫舒適圈，但壘磊說：「不能叫做跳脫舒適圈，而是定義舒適圈。」像是明知道閱讀很重要，但有些人一打開書就想睡覺，也有人一天不閱讀就覺得渾身不舒服。這也就是大腦對於不舒適區的定義不同。至於你可以怎麼做，壘磊給你三個方法：第一，放大對惡劣後果的推演；第二，誇大正面結果；第三，製造更多「反派」助攻。闔上書，我回顧了最近的自己，閱讀、寫作、演講的確成為我的舒適圈，卻也讓我限制了自己。我決定開始定義自己新的舒適圈：做Podcast、學親子溝通、每天健身。之所以寫在這裡，就是邀請你督促我，讓我再也找不到不做的藉口。

記住，人生沒有生不逢時，只有我們對努力的義不容辭！時代也許關上了一些機會，但同時也敞開了更多機會。我們與其關注沒趕上，倒不如動身趕路！帶上《持續成功》，讓你這趟成功之旅更加篤定踏實！

歐陽立中

暢銷作家、爆文教練

—推薦序—

你現在做的事能幫助你成功嗎？

有一個年輕人去詢問一位老師。

年輕人對現世迷茫、對收入失望、對於社會階級感到不公，因此聽聞朋友的建議，去拜訪了一位擁有許多學徒的老師。

「你有多想成功呢？」老師問。

「很想、超級想、每天都想。」年輕人眼神閃爍著光。

「你現在做的事情能夠幫助你成功嗎？」

……

一片靜默後「你可以告訴我做什麼可以成功嗎？」

以上對話是否也是你內心想問的。

因此看到書名，翻開《持續成功：超越關鍵的一點點，就能獲得資源與好運》想從當中找出答案。

我要先恭喜你，你很幸運，因為這本書確實有線索，也要恭喜我自己，能夠為這本書寫序推薦。

在此也與你分享我從書中收穫的五個重點，分別是：

一、打破人生咒詛，你需要學會自學

原生家庭的限制，讓你沒有好的環境、好的後台背景，在學校期間因著學習資源的缺乏，也很難跟有家教輔導的孩子拚搏學歷，因此你可能無法有好的起步。

但如果認為輸在起跑點人生就沒希望，這就是一種人生咒詛，要突破的方式就是不再依靠過往的學歷，而是透過自學培養自己的能力與價值。

二、跟厲害的人學習，閱讀培養實力

培養實力的過程，你需要遇到適合的老師，但沒有資源與金錢的你，可能會認為不可能有老師願意給機會。

其實不是的，閱讀就是借用老師的智慧來學習，你可能付不起數千到數萬的學費，但你一定可以省下一兩杯咖啡費用買上一本書來鑽研。

三、把時間放在有價值的事情上

很多人不喜歡上班，或是說不喜歡現在的工作，但卻沒想過如何改變它。一個人如果懂得運用黃金的下班時間，將能決定自己的未來發展。

上班時間是老闆的，為企業賣命，但下班後的時間是你自己可以掌握的，如果你把時間全交給了手遊遊戲廠商或是追劇娛樂業者，真的就可惜了。

四、靠情商與能力讓人信任你

能力可以培養，情商需要機緣。

透過一定時間的訓練，多數人都能學習新技能，並讓專業有所提升。

情商則是關乎品格，在小事上用心，遇到困難時的情緒表現，都會被人看在眼裡。

當兩者都具備將為自己帶來更多機會，因為別人信任你會負責到底，更樂意為你介紹推薦。

五、試著相信並實踐這本書

信任是一件不容易的事情，更遑論只翻開這本書短短幾分鐘，就被要求相信，這是不可能的，這當中一定有貓膩。

但我邀請你相信這本書，或許你不認識我，也不一定認識這位作者蔡壘磊，但我所認識的成功者都具備這本書提到的條件，我寧可你至少被騙一次也別浪費了一個改變的機會。

最後再問你一句：「你現在做的事情能夠幫助你成功嗎？」

當你閱讀這本書，就是在做一件正確的事，並且正在幫助你邁向成功。

鄭俊德

閱讀人社群主編

開放性測試

請仔細看看這十個問題，並試著選擇你的答案：

01 你覺得普通人的上行有固定方法嗎？

Ⓐ有　　Ⓑ沒有

02 一個人能得到多少機會，拚的是運氣嗎？

Ⓐ是　　Ⓑ不是

03 把龜兔賽跑的烏龜和兔子替換成工作方式不同的人，再比一次，是烏龜贏還是兔子贏？

Ⓐ烏龜贏　　Ⓑ兔子贏

04 職場上偷閒摸魚，虧的主要是什麼？

Ⓐ老闆的錢　　Ⓑ自己的前途

05 把時間和精力花在讓「不認同你的人認同你」，還是讓「認同你的人更認同你」？

Ⓐ前者　　Ⓑ後者

開放性測試

06 如果你不擅長社交，努力補強這個短處和專注自身長處，哪個更重要？

Ⓐ補強短處　　Ⓑ專注長處

07 要不要總是選擇做超過自身能力極限的事？

Ⓐ要　　Ⓑ不要

08 該花更長時間去觸碰更高的門檻，還是直接進入更低的門檻慢慢往上走？

Ⓐ前者　　Ⓑ後者

09 「落袋為安」是一種好的投資策略嗎？

Ⓐ是　　Ⓑ不是

10 你覺得上行是不是一件透過做違反趨利本性的事，進而讓未來能夠不需要做違反趨利本性的事情？

Ⓐ是　　Ⓑ不是

序言

在一次講座結束前，我跟大家合照後正想離開，在門口被一個女孩子叫住。她說她是跟朋友一起來的，想代表她的朋友問我一些問題。我整理了一下，大致有以下幾個問題：

一、讀更多的書、學更多的技能到底有沒有用？

二、到底做什麼才能有明確的進步？

三、當下的成功之路，還有沒有年輕人的機會？

四、有沒有一條只要咬牙堅持做，就一定能成功的路？

為了回答她這幾個問題，我特意在門口多逗留了一會兒。我告訴她，年輕人當然有機會，任何時代的年輕人都一定有機會，讀更多的書、學更多的技能當然很有用，理由我寫在本書的〈前言〉之中。

很多人只想追求有明確結果的進步，因為看不到狀態變化的進步無法帶給他們繼續走下去的信心。但事實上，只要我們持續做正確的事，就能成功。這是因為我們的進步是有複利的，這個複利不是按年計息，而是按日，所以會比預期的快很多，反之亦然。之所以平時沒有察覺，只不過是還沒有遇到改變的契機，於是看起來還是維持在原狀態罷了。

人與人的競爭不像賽跑，縮短一公尺就能看到一公尺，每個人的成長和衰退都需要遇到具體的事件節點，才能在財富、社會地位等顯性功利事物上表現出來。

如果每個人都有一個數值，代表這個人的整體價值，那麼這個數值並不是一秒調一次，可能是兩年調一次、三年調一次。我們在顯性的功利前端能看到的是幾年一次的數值變動，但不代表在數值變動日到達之前，後台數值就沒有即時增減。

很多人努力了一段時間，看著自己功利前端的數值一直沒動，就誤以為後台數值也沒有變化，於是沮喪放棄。當一段時間後真的退回去了，到了變動日發現「嘿，果然沒變」，於是更堅定了「之前我做的那些就是沒用」的觀點。

其實，我們每個人在很多方面都有超前領先者的機會。例如財富，千萬不要認為有錢人只會愈來愈有錢，那是你只盯著愈來愈有錢的那些人，事實上有錢人財富累積要超越通膨的難度比普通人要大很多，別說「存銀行就行」，這可無法超越通膨。而有錢人因為能力和認知不足，把錢敗光也是更容易的事，畢竟他們是很多人眼中的「肥羊」，遇到的陷阱必然更多。

再以顏值為例，中學時期的帥哥美女，到了四十歲後再看，有的或許胖得認不出來，有的也許老得不像話，有的可能成了「歪瓜裂棗」……而以前不怎麼起眼的，卻有可能由於堅持保養和健身，變得愈來愈有氣質。

再舉個我親身經歷的例子：跑步。我從小學開始，跑步成績就是全班倒數，看著比我高、比我矮、比我胖、比我瘦的人跑步都比我快，我曾以為這會是我一輩子的弱項。但後來發現不是。我只是簡單地維持了跑步的習慣，並沒有刻意練習，就慢慢成了朋友圈裡的佼佼者，還在特警大隊拿過「五公里接力第一」的獎狀。不是我進步了，而是隨著年齡的增長，我身邊的人都被時間打敗而急速退化，我只是保持不退，就跑贏這些原本在我前面的人。

更有意思的是，習慣奔跑的人，堅持下去會愈來愈容易；而沒有這種習慣的人，則由於難以啟動，在被超越之時，就再難追回了。

這個世界肯定不存在百分之百能成功的路，因為相較於「百分之百能成功」，咬牙堅持根本算不得什麼。因此，如果咬牙堅持就能百分之百獲得成功，那麼這個成功窗口一定會由於許多人搶著堅持而消失。

雖然沒有「一定」，但是有沒有可能遇到更多好運、更多貴人、可能跑贏其他人的路？有。

聊完之後，她對我表示了感謝，而我同樣也對她表達我的謝意，她的提問非常有代表性，值得我用一本書的篇幅去回答……

蔡壘磊

二〇二一年九月

前言

上行通道還在嗎？

有人說，如今這個時代，上行通道已經關閉，社會資源的既得利益者結合彼此的力量，共同建構起一道防火牆，將其他人拒之門外；也有人說，由於馬太效應的緣故，無論年輕人如何努力，都趕不上資產豐厚者累積財富的速度，強者恆強，弱者恆弱。

這樣的說法是沒有道理的，因為如果反向思考，就很容易得出結論：先別看上行通道有沒有關閉，人人都能看到的下行通道顯而易見一直是開啟的狀態，無論你是王公貴族，還是飯夫走卒，只要你得過且過，就總有一款下滑的姿態適合你。如果你不信，不妨自己試試，結論很快就能出來。

那麼問題來了，當你下行了之後，誰的排名上來了呢？

這是一道簡單的數學題，有下就必定有上。當你說上行通道已經關閉的時候，潛台詞就是下行通道也已關閉。但事實上，下行通道一直張開大嘴等著大家，稍有不慎就會往下掉，要維持現有狀態哪有這麼容易？因此只有一種可能，那就是上行通道從未關閉，只不過那些上行的人不是你而已。

上行從來都不是一件容易的事，從古至今都是如此。古時候更甚，因為社會型態固化、生產模式固化、效率固化，連受教育的權利也只有少數人才能擁有。一個落後的人就算非常努力，但一輩子都只能蠕動著上行，而另一個原本就領先的人則能夠非常輕鬆、一輩子都能跳躍著進步的時候，當然落後者不可能有所超越。但如果一個社會每十年就有一次大機會，每三年就有一次小機會，在新領域做事的人不需要背景，不需要行業資源，只要一頭栽進去，就可能在上行速度上大大跑贏在舊領域做事的人。這樣再說這個社會沒有屬於自己的上行機會，就沒有道理了。

不管出生在什麼年代，人都會很自然地覺得「事情都被前人做完了」、「問題都被前人解決了」。你覺得自己的父母趕上了好時機，為什麼他們當年不做這個不做那個，不出意外，你的孩子依然會認為你才真正趕上了好時機。當你從現在往回看，會發現每一年都有機會，而你卻總是在往回看的時候才能看到：我為什麼不創業經商、我為什麼不買股票、我為什麼不買房、我為什麼不在網路開店、我為什麼不寫微信公眾號或經營社群、我為什麼不做直播、我為什麼抱不住某些十年翻了幾百萬倍的投資標的⋯⋯

這個清單可以無限長，但都跟你無關，因為在機會被事實結果證明之前，你從不會提前參與，就算出於好奇心進去看看，你也無法堅持下來。

因此你在說上行的時候，潛台詞其實是「除非能確定告訴我只要做某事多少天，就一定能得到多少錢，否則就不是上行通道。那些需要我冒險嘗試，最終有可能一無所獲甚至虧損的，都不是上行通道」。

如果你這樣想，那這個世上的確沒有這樣的通道。因為就算你從現在往回看的那些「確定性機會」，在當年那些人也一定是冒了巨大的風險，否則為什麼那麼確定的機會，依然只有少部分人投入並成功了呢？如果不帶著回憶回到過去，你並不會比那個時代的多數人更有眼光。任何時候只要出現一個近乎零風險的機會，都會在大部分人發現之前，就被潮水般湧入的人群攤平收益而迅速消失，否則大部分人就不會是「大部分人」了。

上行是一場接力賽

很多人對於社會不公平的批判，都是源於起點的不公，不是我不如他，而是資源沒他豐富，機會沒他多。換言之，是投胎時的運氣，不是自身實力使然。

但是我們必須知道，上行是一場接力賽，在接力賽中，上一棒領先的選手傳承給下一棒繼續保持領先理所當然。試想，你從老家千里迢迢地趕赴一線城市，並透過自己的努力站穩腳跟。此時在老家的朋友卻要求你的孩子必須回老家上學，接受同等教育，而且你累積的資源不能提供給你的孩子，否則對他們的孩子來說就是「不公平競爭」，你怎麼看？你看別人時覺得不公平，也一定有人看你時覺得不公平。

我們總把目光瞄向那些取得巨大成就的人，認為自己跟他們永遠都不可能縮小差距，並將原因怪罪於社會的不公，卻忽視運氣問題、機率問題，以及在上行這樣的接力賽中，我們拿到接力棒時是第幾棒、拿到時就處於什麼位置的問題。

如果忽視這些問題去追究所謂的絕對公平，那是真正的不公平。

贏過同背景的人

似乎無論做什麼都難以跟自己羨慕的人平起平坐，將此怪罪於社會毫無道理，因為無論你多麼努力，你大概都只能達到你所在區間的上限，不代表你能夠超越那些拿到接力棒時就大幅領先你的人。

上行，從縱向上來說，指的是今天的你比昨天好一點，今年的你比去年好一點，有時也許還會差一點，因為會上下起伏，但整體大趨勢是好一點。而從橫向上來說，如果你是學生，那麼就是比同班的其他同學優秀一點；如果你是上班族，那麼就是比公司裡的其他同事優秀一點。

有一次，一位老友來我辦公室喝茶，話裡有話地羨慕一位年紀輕輕就大有成就的同領域佼佼者，並哀嘆產業有太多的不公之處。我說大可不必，人家的基礎是什麼，你的基礎又是什麼？我們每個人都只能在自己的背景區間裡去觸碰上限，從這點看，你現在的成就已經不小了。只有你的孩子才有資格跟那位佼佼者作對比，因為你的肩膀遠比你和那位佼佼者的父母更高。

不要再說「我兢兢業業工作還是買不起房」或者「我努力生活還是一無所獲」。

正視接力棒的差距，把目光收回來，放到那些跟自己一樣的人身上，要上行就先贏過他們。

想要贏，最起碼要做到，也是最簡單能做到的，就是超越他們的努力程度。因為上行是排名之爭，不是你按時上班和下班就能跑贏，如果他也按時上班和下班，那麼你的排名就永遠不會變。只要排名不變，你的生活就不會變，這跟你自己是不是正在努力生活沒有關係。

不是你按部就班地做了什麼就可以，只有你超越別人的部分，才是「贏了」，才有可能在超額獎勵裡找到那些你想要的東西。

愈上行，愈有機會

很多人會抱怨社會沒有給自己更多上行的機會，明明比周圍的人更拚命，機會卻不多。其實，這正是「優秀程度還隱身於大多數人之間」的寫照，因為愈是身處於大多數人群之中，要被少數的機會所覆蓋必然是更難，正是由於其所處群體基數太大的緣故。

現在的社會，大致還是處於一個更接近金字塔型的狀態，愈往上，人數愈是呈指數級減少。因此愈是處於相對靠上位置的人，要上行需要打敗的對手就愈少，而愈是處於相對靠下位置的人，競爭者愈多，競爭者中普通人愈多，平庸者愈多，會不計成本地跟你爭奪生存資源的人也愈多。

如果你想要在跟別人有著同樣思維，又有著同樣努力程度的基礎上發展，那就只能等著被幸運之錘砸中，假設麥當勞和肯德基之間要比出勝負，還能有五成的勝率，而跟你差不多的人或許有好幾億，因此上行幾乎怎麼都輪不到你。

有句話可能大家都聽過，即「以大多數人努力的程度，根本沒到拚天賦的地步」，其實答案就在這裡。由於大多數人都是達到生存所需的普通努力程度後就罷手，不願意讓自己有「對生存而言非必要」的勞累，因此你只需比他們多努力一點點，就更有可能脫離那個最大基數的群體，獲得比原本更多的機會。因為你不再是那個等著被命運挑選的人，而是有機會成為被某些伯樂或貴人鎖定挑選的人，大多數伯樂只會挑選那些已經有確定趨勢能跑出線的馬。

而當你有幸上到一個新平台之後就會發現，其實這裡的工作也沒有什麼了不起，其他未能到達這裡的人或許也能勝任你正在做的事，但很可惜，他們就是沒法跟你一樣，在更好的地方展示自己。而你在這個更好的地方一段時間後，累積更多「屬於高處的經驗」，也攢下很多原本難以接觸的人脈，你會發現自己的思維變了，搞定事情的能力也變了，你竟然因為那個初始的「好一點點」，真的在能力上將其他人遠遠地甩在後面。

愈往上，競爭者愈少，主動合作的對象反而愈多，因為這些人的可選擇對象也愈少。你會發現世間的好運都在向你靠攏，即使你一段時間裡什麼都沒做，也有源源不斷的機會找上你；而如果你一直在跟最大基數的人去爭搶同一份運氣，不願意在一開始做任何超越他們一點點的事，沒有好運就是理所當然。

網路上有許多人都在抱怨時代對他們不夠友善，抱怨某些同事主動加班，稀釋自己「正常勞動」應得的報酬。

但正因如此，他們才應該感到慶幸。還在抱怨，就表示大多數人還沒有習慣這種競爭，還沒有開始行動，他們還有機會透過努力一點、再努力一點來邁入正循環的初始上行門檻，競爭其實還不夠激烈。

等到大家都明白「愈上行，競爭愈少，高級合作愈多，機會和好運愈多，愈能舒服地往上走」這個道理，開始對這些狀態等閒視之，為了超越其他人，為了上行願意默默付出任何代價，那上行才真的更難了。

你也可以

我的出身很普通，但我比同齡的人做過的事情多得多。在這個過程由於想對了一些道理，做對了一些事，最終到達一個還算不錯、可以隨時退出事業享受生活的狀態。

比我更有資格講上行的人很多：經營公司比我好的，投資收益比我高的，管理時間比我出色的，社交比我優秀的，影響力比我大的……但我勝在整體成績還可以，總結的能力、對底層思維的抽取能力，以及「讓普通人完全聽懂」的表達能力還行。

我將這些年指引我上行的經歷、思考和總結都融入這本書裡，不管是成功的經驗還是失敗的教訓。如果你願意看看，我相信總有一部分會對你有所啟發，或許還有機會直接在裡面找到你要的答案。

最後我想用一段話作為總結。NBA退役球星奈許（Steve Nash）的身體素質並不勁爆，個子也不高，卻曾成為兩屆NBA年度MVP，坊間流傳著一句激勵人心的話：如果奈許都能打NBA，你為什麼不行？

我沒有優越的家庭背景，也沒有什麼天生就超越其他人的硬體，如果我都能上行到今天的狀態，我覺得你也可以。

Chapter 1

觀念更新

蛻變的前提

你為什麼想上行？

有沒有人想過這個問題：我為什麼要上行？

我相信大部分人都覺得這是一個顯而易見的事情，因為「人往高處走，水往低處流」。其實這句俗語是沒有任何邏輯的，水往低處流是一個自然現象，它跟「人往高處走」除了押韻以外，沒有任何聯繫，既不起解釋作用，也沒有類比效果。

但很多人並不覺得奇怪不是嗎？對這句話不感到奇怪，對「為什麼要上行」也不感到奇怪，因為我們的經驗告訴我們，一個人想要得到一些世俗可見的，如：名利、地位、金錢等，就只有不斷上行才有可能。

那我們繼續發問：一個人得到名利、地位、金錢等，是為了什麼？談及這個問題，一定會說到這個著名的故事：

一位億萬富翁到海邊度假，看到一名漁夫在海邊悠閒地曬太陽。閒聊過程中，富翁不解地問：「你為什麼不再多捕點魚呢？這樣就能換艘大的船，捕到更多的魚了。」

漁夫說：「然後呢？」

富翁說：「那就可以再多買幾艘船，然後開公司、雇員工，賺很多錢，接著把這些工作都包給別人，你就可以和我一樣到海邊度假。」

漁夫微笑說：「我現在不正在做嗎？」

這個故事是在提醒我們知足常樂，但如果你細想一下就會發現，富翁跟漁夫的狀態是截然不同的——富翁處於度假狀態是悠閒的，漁夫處於工作狀態是有生存壓力的；富翁可以什麼都不做，漁夫必須先捕完今天的漁獲量；富翁可以第二天不再來海邊，改去沙漠獲得另一種體驗，漁夫則不得不永遠守著這片大海。

富翁在得到名利和金錢後，獲得了什麼最本質的新東西？更大的人生自由度。

每個人的生命自由度都受到三種東西的限制：

一、所在社會的規則。

二、自身的客觀條件。

三、大腦的主觀意識。

富翁的名利和金錢，讓其具備了優秀的客觀條件，可以在遵守條件一的前提下，想做什麼就做什麼，而不具備的人就不可以。但光擁有好的客觀條件還不夠，還得有優秀的主觀意識。富翁的確可以想做什麼就做什麼，但不一定想得到什麼體驗就能得到什麼體驗——同樣是去加勒比海，看過《神鬼奇航》（*Pirates of the Caribbean*）的和沒看過的，連聞到的海風味道都不同；同樣買了一堆古董放在家裡，懂歷史的和不懂歷史的，物品在內心映照出的層次感天差地別。

在具備優秀的客觀條件之後，你的腦海中有多少高品質的內容，決定了你有多少高品質的生活體驗。我觀察身邊很多擁有巨額財富的人，他們有的生活得很精采，有的卻很枯燥。財富究竟能不能為一個人帶來更好的生活體驗，還得看這個人的精神世界是否豐富。

所以，為什麼要上行？上行對不同的人來說可以有不同的維度，但有一點是共通的，那就是只要你還沒有實現財務自由，它就一定會跟賺錢有關，因為它是我們條件二的重要元素，只不過不能將上行簡單地歸納為賺錢這樣的單一維度罷了。

總結一下：**一個人的成長、上行，歸根究柢是一個透過提升自己的客觀條件，豐富自我的精神世界，進而讓生命自由度不斷提升的過程。**

想明白這一點非常重要。很多人會粗暴地將「上行」等同於「賺錢」，這樣的人往往賺不到錢或最終留不住財富。上行的目標，是要讓自己成為更好的人，只有全方位更好的人，才對金錢和機會具備源源不斷的吸引力。如果一個人的眼中只有金錢，並只將賺錢當作花錢的前一個步驟，從沒有想過把金錢當作全方位提升自己的工具，沒有想過金錢所帶來的生命自由度，那就是一種誤解。你愈是誤解，財富就愈難主動找上你，即便找上了你也留不住。

為什麼我要在開頭寫這些看似對上行的具體方法論無關的內容？因為只有先想明白，才有機會做明白，任何事都是如此。先看清楚你真正的目標在哪裡，才能射準無偏差。

你有多想上行？

一個人最終能不能上行，跟他的個人欲望是否強烈有極大關係。

很多人都認為自己有足夠的欲望，但僅僅是「自認為」，當他們要為了不確定是否能成的事情而付出自己全部努力和時間時，就開始找諸多藉口了。

一個人的欲望是否強烈，不在嘴上，而在於他願意為了自己能力範圍所及的不確定可能性付出多大的代價。這裡的重點是收穫的可能性是不確定的，非確定性的收穫，也非確定金額的收穫。可能性愈小，願意付出的代價愈大，這個人的欲望就愈強。

以賺錢為例：我人生的第一桶金，來自大學期間銷售網路空間和網域名稱。我在某個學期的暑假期間起步，一天平均工作十六個小時，吃喝都在電腦前。當時的我並不確定有多少回報，甚至不確定有沒有回報，因為肉眼可見的事實是第一個月沒有一丁點兒收入。但我沒有放棄，還是把幾乎所有能註冊的部落格和論壇都註冊了，同時自學搜尋引擎優化技術，靠著人力在網路上夜以繼日地宣傳，每日發帖、頂帖、寫部落格的平台超過八十個。第二個月月初，我售出了第一單，賺到了一二〇元人民幣，之後，即便我並不需要做什麼，月收入也能超過一萬元人民幣。前面所有的付出，都有了長期的效果，搜尋相關關鍵字，無論在百度還是Google上，第一頁都有近三分之一的內容是我的銷售廣告，而我並沒有花一分錢在廣告費用上。

關於上行的欲望應該這樣計算：當你不確定做這件事能不能上行，能上行多少，僅僅是有可能可以上行時，你還願意把你所有的空閒時間都用在它身上。一天接著一天，一月接著一月，即使看不到成功的希望，但你付出的成本依然沒有任何減少，僅僅由於它是你當下在上行這件事上能接觸的最佳選項，這就叫有欲望。

我在公開場合經常會提到一支影片，在拙著《你懂這麼多道理，為什麼過不好這一生？》也有提到，影片內容是這樣的：

曾經有位年輕人想賺很多的錢，因此他找到一位他視為偶像的大師，並告訴大師，他想成為像大師一樣強大的人。大師說：「如果你想成為像我一樣的人，明天早上來海灘見我。」年輕人淩晨四點就到了，大師走過來摸著他的頭問：「你有多想成功呢？」年輕人說：「我真的很想！」於是大師讓他走下水，他就走進海裡，直到海水差不多淹到年輕人的腰際才停下來。

年輕人心裡想：「我只想賺錢，他卻只教我游泳。」大師察覺到這一點，因此他對年輕人說：「再走遠一點。」年輕人又走遠了一些，這時候水差不多淹到他的肩膀附近了。年輕人心裡想：「這老傢伙真是個瘋子，他很會賺錢，但他是個瘋子。」

而大師一直說：「再走遠一點，再遠一點。」這時候水已經快要淹沒他的嘴了。此時大師讓年輕人往回走，他說：「你告訴我你想成功。」年輕人

回答道：「是的！」大師走近年輕人，把他的頭按到水裡，再提起來，再按到水裡……就在年輕人快不行的時候，大師把他拎出了水。

他對年輕人說：「我有話要告訴你，當你對成功的欲望足以跟此刻對呼吸的欲望相媲美的時候，你就會成功。」

多少人有過哮喘的經驗？如果你有過這種經驗，當你感到氣息不足，你會深呼吸並大口喘氣，此時你唯一要做的，就是去呼吸新鮮空氣。

你不會在意電視正在播什麼，不會在意有沒有人打電話給你，不會在意派對的瑣事，你唯一在意的只是在呼吸的時候吸取一些新鮮空氣，這就是全部。當你對成功的渴望就像對呼吸的渴望一樣時，你就會獲得成功。

很多人都說自己想要成功，但實際上沒有那麼想，只是有點想而已。他們對成功的渴望甚至不如對派對的渴望，不如對耍帥的渴望，不如對睡懶覺的渴望。

這支影片是我當年收藏以後看了又看的勵志影片之一，即使今天看到這支影片的你會覺得它只是有一些煽動性，但當年它確實給了我非常大的力量。回顧過往，我成長最快、最拚命的時候，就是我渴望最強烈的時候，每天都有做不完的事，有無窮無盡的點子，每天都在行動和思考中反覆自我更新。

每當有讀者問我關於「上行」的建議時，我第一項看的就是這個人平時在幹什麼，下班後在幹什麼。

多數人只是希望從我這裡得到一些快速成長或者快速成功的技巧。就像學功夫，他們不想每天四點鐘起床跑山或是每天枯燥地揮上幾萬下空拳，他們只想學一招制敵。並且一廂情願地相信只要我使出這一招將敵人制伏了，他們使出來也能有一樣的效果。

當得知上行這件事需要先失去很多時，他們就會猶豫，擺出「家庭生活才是最重要的」、「成功的定義不只一個」、「事業是 0，健康是 1」諸如此類的大道理。

大道理對不對？對。但它們跟上行矛盾嗎？有時候跟上行的某些面向是矛盾的。每個人都可以自由地選擇自己的生活方式，只要同時接受它帶來的一切，便無可指摘。如果一體兩面本就在邏輯上不可分割，一個人既想要 A 面，又堅決不要 B 面，那就肯定不對，就算擺出以上大道理也還是不對。

想要什麼就得先承認，因為只有坦然承認之後，才能心安理得地去做，不找任何「永遠正確」的藉口。如果還沒想好，還沒找到一個必須拚命上行的理由，那就先去

找到它，在找到之後，各種上行的策略才有可能奏效。

認知升級先於財富

當人們說想上行的時候，其實想的是如何在最短的時間內擁有跑車、別墅、美女、帥哥等，而不是社會資源、行業地位、交易經驗、看人藝術和解決問題的能力等。

這些有區別嗎？當然有區別。前者可以透過某些投機取巧的方式獲得，而後者卻必須依靠時間的累積。雖然從後者也能通向前者，但大部分人其實並不願意付出長時間的辛勞，去換一個不確定的結果。

然而這正是問題所在。

兩個擁有同樣財富的人，一個是靠運氣獲得的，另一個則是資源滿滿、經驗滿滿、認知能力強大、社會地位高，憑藉實力賺取而來。這兩個人在十年後會如何？前者極有可能被後者遠遠地甩在後面。

道理很簡單，靠運氣賺得一大筆財富，不代表擁有與這筆財富相稱的認知能力，所以很有可能無法複製出下一筆財富，甚至連這筆財富都極不容易守住，因為到處都是誘惑和陷阱；而憑實力得來的財富是可複製的，就算不小心失去了，由於人脈在、名氣在、信譽在、認知能力在，原本創造價值的這些「生產工具」就能繼續創造新的財富。

所以，一個人的認知升級必須先於財富，若是晚於財富，那財富怎麼來的，還會怎麼失去。

有一段流傳很廣的話，是這麼說的：這個世界最大的公平在於，當一個人的財富大於自己認知的時候，這個社會有一百種方法收割你，直到你的認知和財富相匹配。

大部分人的一生不可能完全遇不到機會，不但能遇到機會，還至少會有幾次「發一筆小財」的經歷。但問題在於，如果一個人的財富先於認知而到，就幾乎不可能守得住財富和階層，可能會在創業中賠光，或是在炒房、炒股、炒幣中用各種「謎之操作」將其揮霍一空。總之，總有一種方式能讓他們把財富給倒出來。

因此，有關成長、賺錢、上行的具體策略很重要，但認知能力的升級更為重要，因為獲取財富的具體方式在各行各業中都有自己的破局之道——反正不管你從事哪個行業，只要認真對待，無論你是否參考本書提出的策略，你總會在某一天，至少擁有一些小錢。

但如果你不認真把生產財富最重要的工具——也就是「你自己」——提前打磨好，那不管你有多大的運氣，最終財富也只是在你這裡過一下手而已。

在金庸小說《天龍八部》裡有一位掃地僧，他有一句話意思大概是，如果沒有慈悲法化解，那麼武功愈強，造業愈深，體內戾氣愈重，比任何外毒都要厲害，這個叫武功障。

同理，如果沒有認知作為鋪墊，那麼橫財愈多，這個人就愈急功近利，愈看不上自己能力範圍內的正常收入，也就愈無法在正常工作中得到滿足感和幸福感。於是當他的橫財隨風而逝的時候，他原本賴以生存的賺錢能力反而退化，消費的門檻又向上墊高，於是這個人就會迅速招致毀滅，過得比過去更差，這就是金錢障。

而如果你對上行、成長、財富的認知能力都到達了超越一般人的水準，即便最後你並沒有在當下的行業找到多大的突破口，並沒有多高的事業建樹，也請相信我，幾十年後你還是會很不錯的。每一次的果實你都能保住，那麼最終你一定能小果換中果，中果換大果，穩步前行。**即使每一步都不過分驚喜，但每一步只要邁出之後都不後撤，結局當然是比大多數人都要好。**

如果要達成這樣的目標，你要修煉的就只有兩件事：學習和沉住氣。學習讓你提升思維、提升認知，守住之前獲得的財富，而沉住氣則能讓你心平氣和地度過那些沒有額外獎賞的日子，遠離那些急功近利者看不清的陷阱。

最具性價比的努力

一個人能否穩步上行，認知能力極其關鍵，因為認知能力愈強，在關鍵處的決策就愈接近「正確」。長年累月下來，相較於其他人能夠形成巨大的優勢，如果你認為自己的認知能力不錯，但卻始終都沒有看到這種優勢，大概是你對自己在關鍵事物上的認知有偏差。

決策品質決定人生品質，這毫不誇張。「條條大路通羅馬」，但就算是出生在羅馬的人，一旦在重大決策上選擇失誤，同樣有可能退回起點，就算沒有退回起點，他一樣需要跟出生在羅馬的人對比，他們之間一樣有相對上升和下降的位置。與其跟別人比較那些無法改變的東西，不如想想怎麼透過決策品質去超越跟自己差不多的人。

等各方面都向上升級之後，你依然有機會以同樣的方式繼續超越新對手，就這樣層層打怪升級，靠的絕對不是運氣，因為運氣不可能永遠眷顧你，關鍵是決策品質。

我經常聽到有人問：「到底是選擇重要還是努力重要？」

這個命題是需要先定義的，如果這裡的努力指的是使死勁，那麼正確的選擇當然比努力重要。譬如有人在二十一世紀初咬牙買了一棟一線城市的房子，而有人用同樣的錢買了一輛心儀的車。就算前者在工作上表現平平，後者透過智慧和努力得到升職加薪，只要後者在之後沒有購買不可替代的核心資產，同樣很難超越前者。

但「努力」的定義顯然不會如此膚淺，努力提升自己的決策品質也是努力，而且必定是更具性價比的努力。**有時搞懂一個問題的本質，做對一項決策，所得甚至大於一般人忙忙碌碌一生。**

因此，在決定一生的大事件上，怎麼花成本學習，怎麼花時間思考，都不過分。這種努力看起來沒有那麼顯眼，但最終這樣做的人都會過得不錯。相反地，那些只想著做，卻從來不想著先把事情想透的人，就容易圍著雞毛蒜皮打轉，看似非常努力、非常勤勞、終日忙碌，最終卻永遠只是在地上赤腳埋頭跑，連旁邊路過多少輛能搭的車都看不到。

很多人將這樣的狀況錯誤地歸結為「賺錢的人都不忙，忙的人都不賺錢」，於是以為不忙就能賺錢。大錯特錯，有些賺錢的人就算看起來不那麼忙，只要這個人能持續決策正確、持續賺到錢，就一定是把精力聚焦在一些不那麼顯眼，但更關鍵、更重要的地方。

每個人都可以透過各種方式來獲取財富，並不只是在當下的公司提供勞動服務。那些好的公司、那些經濟長期發展的國家、那些稀缺的標的，從來都不會拒絕你的投資，就算你當下真的無法靠自己的直接勞動換取很多錢，你也能透過「依附強者」、「投票給強者」、「支持別人未來更想要的東西」，來換到更多錢。這裡用來交換的，就是你的決策品質，這種努力的性價比更高。

上行是365天×24小時

即使你已經準備好，找到必須上行的理由，也有背水一戰的決心，但還有一個殘酷的事實在等著你，那就是你得先去掉工作和生活的界限。

前幾年很流行一句話，「工作和生活要有界限，工作的時候好好工作，生活的時候好好生活。」對於執著於上行的人來說，這是完全不對的，因為多數人那可憐的工作時間和工作效率並不足以讓他們超越其他人。

首先，由於上班時間是連續的，而大部分的人在工作中無法保持長時間的專注，因此多數人一天有效的工作時間並不是八小時，而是三小時或四小時，甚至是更少。

此時如果有人在工作之餘再認真地多花四小時在上行，無論是做與工作有關的事，還是做其他的事，成長速度就會是嚴格朝九晚五的那些人的兩倍——不是多出五〇%，而是多出一〇〇%。

同梯進公司的人，如果資質和背景差不多，更努力的人當然最有機會。當他上了一個層次後，競爭者更少，機會卻更多，而那些沒能上去的人卻不得不繼續跟更多新進來的人一起競爭，在馬太效應的影響下，兩個初始狀況差不多的年輕人的能力差距，慢慢會增加到原來的兩倍、三倍，甚至十倍以上。

其次是，很多的機會來自八小時之外。

你遵循公司的工作時間，但機會的降臨並不會挑你的工作時間，因此如果你堅持工作和生活嚴格分開，那就等於放棄了一大半的機會。

一個人必須隨時待命在工作狀態中，隨時隨地學習、隨時隨地進步。這並不是要你成為沒有娛樂、沒有生活的機器，而是一種讓你的工作和生活都能達到最佳效率的方式。

想像一下你在非工作時間裡，是不是有時已經玩得很沒勁了，但還是不想去學習和工作？因為你覺得這段時間沒有人付你薪水，好像你一做事就虧本了，而在工作時間裡有人付你薪水，如果你能不被發現地偷偷懶，多在廁所裡待一陣就賺到了？

這種計算方式極有問題。

首先，從工作時間來看，你不可能永遠在這裡待下去，因為公司可能會開除你，還可能會倒閉，就算都沒有，你也可能會對現狀不滿意。當你走出這家公司，別人願意為你的時間付多少費用，取決於你在這段時間累積了什麼。所以你偷的所有懶，其實都在傷害你自己。

其次，從非工作時間來看，當你娛樂時邊際效應已經遞減到幾乎無法獲得幸福感，如果你還堅持漫無目的地瀏覽網頁和影片，就是在為了浪費而浪費。那些上網上得不亦樂乎的人還情有可原，至少得到了短期快樂，而你就是純粹地在和自己的生命過不去。

把工作、學習和生活的界限去掉，至少能夠讓你在娛樂效用已經很差的時候，轉向另一件不那麼討厭、對人生正面意義更大的事情，累積一點點的進步。上行這件事就跟鍛鍊一樣，沒有「鍛鍊半小時、一小時才有效果」這種說法，你能鍛鍊一分鐘也是好的，也對身體有好處，肯定比不做強。

所以，上行就必須建立365天×24小時的觀念，隨時隨地不排斥工作、隨時隨地不排斥學習、隨時隨地不排斥累積、隨時隨地不排斥做上行相關的事。你可以生活優先，但請在幸福感降低的時候，切換一下狀態，這樣才更有性價比。

自學才是真正的競爭

很多人沒有自學意識，除了在學校的被動學習（被動學習類似於工作，只不過學生並無薪酬），他們不覺得有學習的必要。

因此，當我們談到工作之外的學習時，很多人一臉不屑：都已經工作了，還整天提學習，不是被成功學洗腦，就是讀書讀傻了，否則就是想在其他人面前表現「上進」，做做表面功夫，或者糊弄一下自己。

學校裡的學習重要嗎？重要。考試成績好，可以讓你去更高的學府，然後在進入社會時就可能擁有一個相對較高起點的選擇權，並非一定是較高起點，只是有選擇權，而且就算來自更高學府，也並非每個人都能選擇那些人們認為的高起點。但就算選擇人們眼中不錯的起點，也僅僅是起點。從學校出來後，有多少人真正知道自己應該做些什麼？

大家多是廣投履歷，找一份最高起薪的工作，然後看資深員工做什麼，自己就做什麼，就這麼一直「混」下去了。當然也有一定的升職加薪，這就是多數人之間「冷兵器」式的競爭，大家都是朝九晚五地用功，誰起點高、誰初始背景強、誰運氣好，誰就占得先機。

但是對於那些願意365天×24小時上行的人而言，就是冷兵器與熱兵器之間的差別了。因此，為什麼有那麼多人討厭「自願加班」，以及嘲諷「主動學習」的人？因為他們自己不想付出成本拿起熱兵器，於是希望別人也只拿冷兵器跟自己短兵相接。

相較於使用冷熱兵器導致後續人生可能會出現的巨大差距，學歷起點所占的那點優勢從長期來看就極其微小了。

一個人在學校裡學到的知識，在實際工作和生活中能應用的非常有限。大部分的工作經驗與技能學習，對機會的把握能力，以及做成一件事真正重要的關鍵素質和思維方式，靠的都是進入社會之後的累積。

如果一個人在離開學校之後就放棄工作以外的自我學習，或是一旦離開「別人告訴你學什麼」、「強迫你學什麼」的環境後，就不知道該做些什麼，那麼可以非常確定的是，這個人無論學歷起點多高，最終泯然眾人矣。

學習永無止境，貫穿於每個人的一生。我其中一家公司有六成以上的員工由開發人員組成，其中只有極少數會在入職之後再利用自己的業餘時間去學習最新的開發語言，大部分人進來的時候會什麼，最後依然是只會什麼。而那些肯自學的，在某一次必須要用到最新語言開發的專案中都被安排到了重要位置，一共就幾個人會，不用你用誰呢？

沒有人告訴你該學什麼，也沒有人逼著你學。**人和人的最大競爭，不是在確定性題目下的競爭，一個人的聰明，也不全然展現在指定問題的解題能力。**

在標準跑道的田徑場上比賽，兔子永遠比烏龜快，但路徑上若是沒有地圖、沒有跑道，而且到處都是迷宮和機關，兔子就未必能處於更有利的位置。在學校和社會是兩種截然不同的競爭模式，學校是固定路徑的競爭，而社會是不固定路徑的競爭，或者說是自由競爭模式，沒有教材、沒有大綱、沒有老師，也沒有人催著你交作業，做或者不做，都隨你。

當你發現自己想的每一條路好像都走不通，又沒有人逼著你繼續前行的時候，解決指定任務的能力更重要嗎？不，對接下來該解決什麼問題的選擇，以及是否選擇繼續解決問題的毅力才是重點。

因此，「有意願保持終生自學」是最可貴的能力，也是社會競爭開始之後，長時間而言最有用的能力，如果為了嚴謹，你可以自行加上「之一」。自學決定你能比其他人付出更多有效累積自我的時間，有可能被更多不確定的機會所覆蓋，這些都是上行的關鍵。在相似的條件下，學校競爭結束後只是確定你的起跑線是零還是一，但社會競爭的目標是一百，你是從零到一百，還是從一到一百，其實區別並沒有那麼大，重點是你一年進步十還是二十，以及有多大機率能遇上幾個一下子進步三十或四十的機會。

大家總希望自己的每一分努力都能即時獲得回報，如果沒人給就不做、不學，這就搞錯了對象。只要我們正在接受新的挑戰，那麼第一受益人一定是自己，因為我們的能力邊界在擴展，然後才是能否同時對其他人有益。

離開學校後，所有的意識都得重新塑造，所有的競爭都會以新的方式重新開始。放下那些「在學校競爭中輸了會繼續輸」的自卑和藉口，放下那些「在學校競爭中贏了就該給我更好的」自大和幻想，現在是全新的遊戲了。

打破普通人的詛咒

很多人自稱「不行」，其實是先給自己下了「不行」的定義，於是未來的可能性就立刻限縮了一大半。

所有人都告訴你，你是個普通人，普通人就該有普通人的活法。例如，到了什麼年紀就做什麼事，古人說該成家立業，於是趕緊成家；長輩說多子多孫，於是趕緊生孩子，一個不夠兩個，兩個不夠三個……

人在被套上了「普通人」的傳統定義之後，行為舉止就會開始往這個定義靠攏，於是就真的變得普通了。

以機率而言，我們大多數人之所以普通，是由於任何天生的能力都不會處於社會頂尖，但這個普通僅僅是指出生時的智力普通、體力普通、長相普通，並不是指複製大多數人的行為。複製多數人的行為，是出於社會安全感，但正是過度追求社會安全感，讓普通人失去那些有可能不普通的機會。

每個社會人都會被套上符合某個群體普遍價值共識的枷鎖，不符合的人往往會遭到群體的排斥，但這些共識並不都是好的。例如，在一個宿舍裡，大家都不努力，就你最用功，你一樣可能遭到冷嘲熱諷。

幾乎每個人的身邊，都是普通人居多，這是毋庸置疑的；就算再優秀的人，身邊也只有少數優秀者，大部分是平庸者。因此，如果一個人不能放棄普通人群體的價值共識，則必然被各種群體枷鎖套住，疲於應付，絕無可能跳出普通人的圈子。

普通人有很多的價值觀，只適合普通人。如果你要上行，就必須得堅持自己獨有的價值觀。例如，李嘉誠和老婆一起埋頭創業時，突然有個人說：「你們這樣不對，對小孩成長不好，為了賺錢就能犧牲小孩的童年嗎？陪伴不重要嗎？孩子的青春能重來嗎？」

例如，你真心欣賞一位「貴人」，正準備稱讚幾句，又怕被人說巴結，怕被人說自己想走旁門左道，明明出自真心，卻由於心理壓力大，話到嘴邊又嚥了下去。或者，在會議上，明明很有想法和見地，卻由於怕被人說「愛出風頭」，因此只能隨聲附和其他人的觀點，以求跟大家一樣。這些價值觀和做法錯了嗎？不一定。但如果你一直怕被某些群體非議，而不停地調整自身的價值觀和行為，那麼必定一事無成。因為群體有無數個，價值觀也有無數個，當你在每個地方都想著做完美社會人的時候，就註定綁手綁腳，這就是你獲得安全感的代價。

普通人的標籤首先就是普通，沒有過人的資源，沒有過人的背景、財富，也沒有頂級的技能，因此必須非常專注，要比其他人付出更多的時間去思考和努力，捨棄幾乎所有能捨棄的東西，才可能獲得一點點上行的機會。

上行，就代表你已準備好在很多方面超越你當下周圍的人群，那麼就肯定要做跟他們不一樣的事才有可能，不是說跟他們不一樣就一定對，只有做不一樣而且對的事，才能讓你從他們之中脫穎而出。如果別人說不能做就不做，別人說不對就退縮，那就中了他們定義的「普通人陷阱」。

想打破普通的詛咒，必須先擁有強大的內心去承受別人的排擠和負面評價，建立屬於自己的評價體系，還要有獨自熬過「暫時無法向任何人證明這條少有人走的路是對的」黑暗期的耐心，才有突圍而出的可能。

追上大部分人並不難

上行說難也難，說不難也不難。

說難，不僅要超越以前的自己，還要超越不斷進步的其他人，只有幅度比他們更大，才有上行的可能。幸福可以只跟自己比，上行可不能，因為社會資源是按排名分配，以賺錢而言，如果人人都開始每個月賺一百萬，你就算每個月賺幾十萬也會感到很落魄。

說不難，是由於大家的努力程度其實都不高，你擁有的劣根性大家都有，你也曾試著克服，因此你清楚地知道這對每個人來說都很難。但既然是人人都想克服卻又都克服不了，克服它就愈有價值。

愈難，做不到的人比例就愈大，做到的人就愈是能站到人數比例更小的上層位置。因此很多門檻和高牆不只是阻礙，同時也是為了更加犒賞翻過高牆的人而存在，被擋住的人愈多，翻過去的人能吃到的紅利也愈多。

時間就是一堵極高的高牆。

很多人都會在一件看起來困難的事情開始前，高估它的難度，不敢開始，卻會在一件看起來不難的事情需要重複做的時候，低估它的難度，最後半途而廢。簡單的事情一旦加上「每天」，只要不是生理層面原本就享受的事情（如每天吃飯），就必定能篩掉大部分的人。

因此要追上大部分人，只需要持續做對的事情就可以了。什麼是對的事情？本書提到的所有思維和方法論中你認為有道理的、可以立刻執行的部分，一天、兩天、三天，一年、兩年、三年……持續地做下去，其他人漸漸地就看不到了。很神奇，你沒有獲得什麼寺廟古剎裡的不傳之祕，也沒有做什麼驚天動地的事情，但就是能獲得一個接一個的好運，然後徹底地甩開他們。道理非常簡單，因為你站在時間這一邊。只要你做的事情是正確的，那麼你只需要站在時間這邊，就等於站在上行這邊。我經歷過的投資、創業、健身、學習……由後往前看，無不如此，只要你覺得這件事是對的，你能夠日拱一卒，每天進步一點點，其他人一定會不停地掉隊。

你應該馬上就做

當你看到這裡，覺得生活有點希望的時候，你可能會想著一口氣看完本書所有內容，接著好好計畫一下，看看從下個月或者明年開始自己能改變什麼。

相信我，這樣是沒辦法改變的。在拙著《你懂這麼多道理，為什麼過不好這一生？》賣出了幾十萬冊以後，有位新讀者在公眾號後台留言給我，說他前幾天挑燈夜戰看完了這本書，非常有幫助，接下來準備徹底翻盤他的人生。當我問他「你已經開始了嗎」時，他說正在計畫之中，看看先從哪裡開始改變。

我並非對計畫有什麼偏見，但從經驗來看，大部分人一旦先「計畫」而不是先「行動」，往往就會無疾而終。人們總是先看到全盤改變後的結果，在預期結果的驅動之下熱血沸騰，才燃起想要做的熱情。可是一旦開始耗費能量來計畫，熱情就會開始冷卻，於是這改變的第一步也就不會來了。

執行力強的人都有一個習慣——立刻做。這不是一種盲目，而是從手邊能完成的簡單事情開始，小成本地先開始，接著邊做邊調整，邊做邊計畫，這樣才更容易達到最後的成功。

有一本書叫《學會改變》（*Switch: How to Change Things When Change Is Hard*），裡面提到一個有趣的案例：有家洗車場推出「蓋章換洗車」服務，洗一次車蓋一個章，蓋滿八個就可以享受一次免費洗車服務，但是後來發現效果不如預期。於是洗車場靈機一動，進行了一點小調整，將需要集章的數量從八個增加到十個，但每個人一開始就先蓋上兩個章。看似要達到免費洗車條件依然還剩八個章要蓋，但最終集滿的速度不僅快很多，人數也超出預期。

人們想要一種「我已經有收穫了」的感覺，想要一種離目標愈來愈近的感覺，同時會被一種如「開弓沒有回頭箭，先做下去看看」的感覺所推動。

因此真正能持續下去的人，往往在第一時間就開始做，先讓自己處於一個輕度實行的狀態之中，然後才開始計畫和調整，如：健身，不必每天練足一個小時，十分鐘也是好的；寫作，不必每天寫滿三千字，三百字也是有用的；兼職，不一定要立刻賺到多少錢，先提供別人自己力所能及的價值，也是好的開始；投資，不必拿身家性命去搏一個結果，而是用虧了也不可惜的一點閒錢嘗試一下，也能推動你去深入認識你購買的標的，以及思考投資這件事。

我經常聽到一句「名言」，就是「明天就要開始減肥了，今天放縱最後一把。」

這樣的人無法減重成功，因為他其實並沒有準備好減肥。

一個人若是真的想改變，就會從現在、此刻開始改變，以減肥為例，面對滿桌的美食，一口都不會再吃。當他還貪戀原本的狀態時，表示他並沒有真正把這件事想清楚。如果一個人沒有真正明白，原本狀態的長期誘惑就會導致他必然在某個時刻放棄，改變當然就半途而廢。

因此，當你看完本書之後，第二天就必須做點什麼來宣告改變的開始。如果你的行動意志力較為薄弱，在改變的初期，還可以使用「顯提示」的方式，把你堅持要做的事，放在自己必定會看到的地方。這種讓提示顯而易見的方式，會給你一種「自己承諾過的，流淚也要完成」的動力，讓你的大腦無法迴避。

每天各種行為的方向，都向上行靠近一點點，即便不能立刻得到好結果，也都是在增加上行的可能性。**沒有人知道回報會以何種方式降臨，但這些正向趨勢組合起來，確定能對人生產生重大的長期正面影響，包括被更多潛在的好運所覆蓋。**

成功的祕訣在於反覆橫跳

人人都有機會上行，只不過大家認為的「機會」，或許是某種具體場景下的小技巧，這是大家最想窺探的，以為學上一招就能在關鍵處贏過其他人，很多人把這樣的東西稱作「乾貨」。其實這種具體的小「術」就像象棋裡的殘局，得下到那個剛剛好的場景才有應用的機會，而大部分情況下還不可能有一模一樣的場景，於是若非出現一模一樣的場景，該輸的棋還得輸，因此看似學了不少，其實對一個人的棋力增長並沒有多大幫助。

整體而言，上行一定是一件長期的事情，只要思維調整到正確的方向，長期做對的事，人生的整體趨勢就會穩步向上，就像跑步時身體只要保持微微前傾，重心自動就會帶著你的腳往前跑。

我們剛剛所闡述的，全都與「長期的上行」有關。是希望在本書落實到具體的「術」之前，先幫助你糾正一些錯誤觀念。但長期堅持所帶來的回報畢竟是細水長流，有沒有什麼大多數人都能用到的快捷方法呢？當然是有的。當你已經懂得使用正確的思維打底之後，在本章的最後，我們來分享一個很多人都需要的快捷方法：**反覆橫跳**。

很多人從小被教導，要踏踏實實地在一個地方努力，從小兵到班長，從班長到排長，從排長到連長，從連長到營長……一路升上去，看能力、看努力、看運氣，剩下的都看命。但你是否發現，很多歌唱、表演藝術家被特招入伍後，一下就能在部隊裡擁有很高的級別？

寒窗苦讀十幾年，最後考上清華，是一條路。但你是否發現，有一些人透過各種競賽得獎，透過競技體育或者其他管道得獎，也能進入清華？

你從擺地攤做起，希望有朝一日生意能做大，這是一條路。但你是否發現，如果你是明星或者藝術家甚至僅僅是當地名人，你根本不需要會做生意，也能結識某位超級成功的企業家並深度參與對方的某些專案？

我們在日常生活中都會認識一些朋友，有些比我們成功，有些不如我們成功。那些比我們成功的朋友，很可能比我們的上司還成功，但是他們願意跟我們做朋友，而我們的上司卻不一定覺得我們跟他是平起平坐的。

理由很簡單，縱向對比很容易。在他眼中，我是你上司，就是比你高級。但橫向對比很難。你說是派出所的所長更厲害，還是有二十八家店鋪的連鎖企業老闆更有社會能量？

如果我是連鎖企業老闆，我可以跟某大公司的老闆平等相交。但若是沒有這位老闆作為比較，這家大公司的某位高級主管也能跟我平等相交，可是老闆和高級主管彼此之間就很難平等相交，因為職級上就有所差異。

所以你有沒有發現什麼祕密？你的上行計畫有時可以利用「領域之間很難橫向對比」的特點，透過多次橫跳來完成。

舉個例子，有個人在網路大廠當主管，當他想直接晉升到更高層級時，往往是比較困難的。此時一家規模稍小的公司剛好在那塊業務缺個總監，你覺得網路大廠的主管更高級，還是規模小一些的公司總監更高級？你無法橫向對比，這時候你跳過去甚至都不能叫升遷。

可是當你在那個總監位置做出成績時，另一家網路大廠的副總裁位置就可能向你招手了，依然是橫跳，並沒有誰比誰更高級。在公司內部或公司等級相同時，一眼就看得出來提拔還是平調，但如果是橫跳，很多事情就模糊化了，也就有了輕鬆進步的空間。

誰都知道一個杯子不能換同款的兩個杯子，但一個杯子換一本好書，很合理，而一本好書換一次諮詢服務，也有人願意，再拿一次諮詢服務換回兩個杯子，還是能找到交易者。看似無法達成的交易，透過反覆橫跳達成了。

如果你覺得某一條路並不是你想走的，但你在那條路上可以更容易上行，當說到你的成就時，也不容易跟原來的那條路進行對比，那就可以先選擇，等上行一點點後開始找機會橫跳。只要每次都能累積一點點的橫跳優勢，不用太多次你就會發現，之前那個離得很遠的東西，現在已經近在眼前了。

上行清單

- [ ] 01 一個人的成長、上行，歸根究柢是一個透過提升自己的客觀條件，豐富自己的精神世界，進而讓生命自由度不斷提升的過程。
- [ ] 02 一個人的欲望是否強烈，在於他願意為了自己能力範圍所及的不確定可能性付出多大的代價。
- [ ] 03 每一級台階只要邁上去之後能夠不後退，結局就會比絕大多數人都好。
- [ ] 04 搞懂一個問題的本質，做對一項決策，有時獲得的甚至大於一般人忙碌一生。
- [ ] 05 人生的很多機會來自朝九晚五的八小時之外。
- [ ] 06 人和人的最大競爭，不是在確定性題目下的競爭；一個人的聰明，也不全然展現在指定問題的解題能力。
- [ ] 07 很多人不行，是先給自己下了不行的定義，於是未來的可能性就立刻限縮一大半。
- [ ] 08 門檻和高牆的存在不只是為了阻礙，還為了更加犒賞翻過高牆的人。
- [ ] 09 當一個人還貪戀原本的狀態時，表示他並沒有真正把這件事想清楚，而如果沒有真正明白，原本狀態的長期誘惑就會導致他必然在某個時刻放棄。
- [ ] 10 縱向對比很簡單，橫向對比很難，反覆橫跳累積的小優勢，最終會轉變成大成功。

Chapter 2

上行

孤獨的逆風之旅

只有你才能幫助自己

我曾經看過一張圖，圖中一位明星的穿衣風格很時尚，但同框的一名路人卻穿著「老頭背心」，對比非常明顯。

當大家見到圖後都在感嘆明星的穿著品味真不錯的時候，有人將兩者的衣物進行了調換，此時人們才發現，原來明星穿老頭背心也一樣很「潮」，而給路人換上了明星的時尚裝扮後卻依然看起來很普通。

修飾的東西，永遠沒有主體本身來得重要。

我們在上行的路上，固然是需要貴人相助、人脈扶持、運氣加身，但所有的基礎，還是我們自己本身究竟是「扶得起」還是「扶不起」。有些人只需要六十分的運氣就能成事，有些人卻需要九十分，於是他們最終成事的機率自然就不同。

更進一步看，如果你比絕大多數人更「扶得起」，那麼你就自帶吸引貴人的體質，因為貴人最喜歡幫助的就是能夠將幫助效益最大化的對象，就跟武俠小說中世外高人只收有資質、有天分、有恆心的弟子是同樣的道理。

上行的初期註定是孤獨的，因為你還沒有證明自己，所以沒有人會關注你。顯然你不可能「強迫別人關注你」，而正由於沒有人關注你，沒有人願意幫助你（做無用功的風險較大），導致你更不容易上行。因此，想要打破這個惡性循環，就只能先埋頭苦幹，忍受孤獨的上行，直到你的上行幅度超越潛在的競爭者。即使只有一點點，你也會更容易受到關注，讓貴人覺得幫助你是一件「划得來」的事情。

每個人都是立體的，沒有絕對的好或絕對的壞，一個人可能對這個人表現得友善，轉頭就對那個人表現得刻薄。你能看到的往往並不是一個人的全部，而是你是誰，才決定了在你眼中的他是誰。

「一個人愈強大，受到的助力就愈多，而一個人愈弱小，受到的幫助就愈少。」這反映的並不是勢利，而是人們在行動中做出無可指摘的高性價比選擇，每個人做事時都會考慮性價比，雖然不能總是只考慮性價比，但大多數時候必定是高性價比優先。如若不然，你的大腦決策系統就等於背叛了你，是對你的不忠誠，因為這代表了它不以你的最大利益為第一要務。

所以，當我們還無法證明自己，或者尚未脫穎而出的時候，貴人由於我們的低性價比不願意花費過多的時間和精力在我們身上，我們可以理解這種選擇。

「人必自助，而後人助之。」只要你願意先從自己改變，只需拚命取得一點點超越身邊人的成績，世界就會立刻變得明亮起來，周圍的人也會變得友善，人、事、物、機會都會逐漸向你匯聚，這樣你就能進入一條正向加速的路徑中。

定義你的不舒適區

上行是一件持續才能看到效果的事。我們在第一章分享了以「顯提示」保持持續刺激的方法，因為只要是人就免不了在某些時刻怠惰，於是就需要外界刺激來喚醒我們的大腦，這算是一個「被動技」，跟孫敬和蘇秦在學習時使用「懸梁刺股」的原理差不多。

萬一我們正處於一個提示隱而未現的環境中呢？例如窩在沙發玩遊戲的時候，看不到電腦桌面上的「努力」二字，有沒有什麼「被動技」可以隨時隨地觸發？

有，但這需要有意識地改造我們的大腦。

有一些人一工作起來就不舒服，一看書就打瞌睡；但有一些人一閒下來就會不舒服，玩遊戲時會充滿罪惡感，這就是每個人的大腦對「不舒適區」的定義不同。

如果你的大腦潛意識認為工作辛苦、上行辛苦，是不得已而為之，那麼自然是在外力夠大的時候才願意去做這些辛苦的事。很多人的執行力之所以「無法喚醒」，是因為缺乏上行的自我驅動力，他們只要能夠維持生計，就不願再付出額外的努力去上行，因此維持生計就是他們的剛性外力，這種剛性外力的標準非常低，大多數人輕易就能達到，然後這股外力的作用就會消失。

反之，如果一個人的大腦認為今天沒有看書、沒有做上行相關的事，就像被螞蟻齧咬般難受，那麼他自然會選擇把自己定下的上行任務完成。

許多熱愛健身的人應該有這樣的經驗，一天沒健身就很焦慮，感覺在照鏡子時，臉都大了一圈，於是趕緊出門跑步。這就是大腦的不舒適區跟一般人相比已經是不同狀態的證明。當你的舒適區調整到跟你想要努力的方向一致，而不只是跟你身體最原始欲望的方向一致時，一旦你偏離自己的努力方向，就會有一種生理不適感，催促著你回到正確的軌道。

我們常說的舒適圈，指的是狹義的舒適圈，即身體最原始的舒適區，「跳出舒適圈」指的也是跳出這個舒適區。

可是從廣義上看，人真的可以跳出舒適圈嗎？

人只能定義自己的舒適圈，如果跳出身體原始的舒適圈才能讓大腦更舒適，那就不能叫作跳脫舒適圈，而是重新定義舒適圈，把原本的舒適區與不舒適區互換了。於是在一般人看來你是跳脫舒適圈，但從你的感受來看，反而是跳入舒適圈。

如何重新改造和定義不舒適區？在我個人的成長歷程中，有三種方法相對有效，可供參考。

放大對惡劣後果的推演

大部分的時候，我們的推演需要嚴格遵循邏輯，但如果我們原本的目的就是要給自己「洗腦」，那麼暫時地放棄邏輯就是一種更明智的舉措。

就像所有人都知道，就算今天不讀書、不學習，也不會必然導致十年後變得貧窮，因為它是一個機率問題。影響人生的因素有很多，每個單一因素都不會必然導致某個結果，受到影響的是人生的發展趨勢。但如果你想要在這方面有變得更好的趨勢，想對自己洗腦，就不能保留這種邏輯，因為它會讓你的僥倖心理乘虛而入。

你應該學著像「邏輯小白」那樣去推論事情：如果我今天不學習，明天也不學習，而我的競爭者都在學習，他們就會獲得比我更多的機會，擁有更大的平台。我不僅會被同儕甩在身後，還會被更年輕的後輩追上，逐漸失去尊嚴、幸福、友情，成為一個徹頭徹尾的失敗者。

把這種邏輯不嚴謹的概率性推演轉換成必然性推演，然後將其植入大腦，那麼當你不學習時就會感覺芒刺在背。

誇大正面結果

和第一種方法對應，如果你很想做到一件事，也十分清楚這件事有益無害，只不過這件事對你的未來只是有可能性、而非決定性的幫助，也就是從「做了」到「得到好結果」的邏輯不夠嚴謹，你很難說服自己「我必須要做到」，這時候該怎麼辦？

同樣地，暫時關閉自己的邏輯大腦。

在二〇〇九年，我父親希望我能考公務員，因此他經常會將公務員的收入說得很誇張，而此時的我也正需要一份穩定的高薪工作，於是我刻意地不去求證真偽，就當父親說的是真的，這就給了我更多準備考試的動力。

雖然入職之後發現公務員的收入並沒有高到父親說的那種程度，但也的確是在我的理想範圍之內，重要的是在這種激勵之下我順利考上了公務員。

如果你知道做哪些有成長性的事情能讓你變得更好，但你清醒地知道這種「更好」只是一種機率性事件，那就從現在開始關閉你的邏輯大腦，告訴自己，只要我堅持讀書十年，堅持本書所提的成長模式十年，我就一定能得到自己想要的，也就是「手動」將成功的機率調成百分之百。

製造更多「反派」助攻

很多時候，我們的惰怠源自於生活給予的安全感。這種安全感可能源自於物，也可能源自於人或環境。

如果一個人擁有充足的物質生活，身邊也有許多善良的支持者，而且還少有凶狠的競爭者，那麼想讓這個人為了上行去拚命一定非常困難。

往往只有當這個人身邊都是「反派」，就算只是自己想像出來的壞人，才會讓人產生跳脫這些人、贏過這些人，以及向這些人證明自己的動力。例如你的親戚朋友都是極端勢利之輩，上行就成了你想要獲得尊重的必需品，即使你的內心並不想上行，你也不得不為了在社交中獲得更好的情感體驗而上行。

因此，如果你想為自己創造更多的動力，那麼你可以試著去「製造」更多的壞人。而當他們漸漸成為比你弱的一方時，再與他們「和解」，此和解並非與他們在現實中和解，而是與你內心創造的那些惡意的幻影和解。

正確的上行目標是什麼？

上行需要目標，甚至可以說，沒有目標的上行是不會持續的，因為你會連偷懶都意識不到。

舉個例子，如果你沒有定下三年內賺到一百萬元的目標，你就不會對今天放下書本、放棄尋找新專案，轉而去玩遊戲這件事有任何的愧疚感，目標的刺激能協助你重新定義自己的不舒適區。

很多人都在說上行，到底什麼是上行，讀讀書、聽聽課是不是就叫「正在上行」

了？這些可以是上行的一環，也可以不是，因為這些只是一種手段，手段何其多，但最後並不一定都會導向你要的結果。

上行需要你心裡有一個想去的地方，有一個想成為的人，然後堅持讀書、實作長效性的方法，再輔以一些短期提升的技巧，最終把自己代入到那個智慧又成功的優秀形象中。

那正確的上行目標是什麼樣子呢？很多人的目標就是「比昨天好一點點」，這屬於上行目標嗎？屬於。但這是不是一個好的上行目標？並不是。

什麼是「好一點點」呢？你必須設立一個可以自我感知的目標，這樣你才可以清晰地看到自己離目標究竟是愈來愈近還是愈來愈遠。如果你開了一家小店，你此時的上行就是讓小店的營業額翻倍，因為這是可以自我覺察的目標。

只有這樣，當你離既定的目標愈來愈遠，或者你在做一些離目標愈來愈遠的事情時，你就會馬上察覺。這種覺察不一定能讓你立刻放下那些扯你後腿的事情，但會使你增加一種壓力，讓你走入不舒適區。除此之外，這個目標的實現還必須在你回望的時候有一種「獲得的滿足感」。

明天看的書比今天多一頁，是不是可感知的目標？是。但當你過一段時間回顧時，「看書的頁數多」這件事並不能讓你有多少滿足感或成就感，你並不會因為看書的頁數多而覺得自己明確領先別人。

經常有讀者向我回饋，說朋友覺得自己改變很大，思想更有深度，能一眼看穿事情的本質，這就是滿足感，你藉此得到一種確定的好結果。而光是看書的頁數多，或是啃下幾本難啃的書，並不一定能帶來深刻改變的滿足感或成就感。

因此一個好的上行目標的設定，首先要讓自己能明確感知，其次當目標達成的時候，可以為自己帶來很強的滿足感。

如果達成後發現滿足感不足，覺得雖然達成了上行的目標，但又覺得似乎上行了也沒見到多大提升，那就表示你所設立的上行目標，很可能並不是你真正在意的結果。

因此，隨之而來的最大副作用，就是會對你下一次準備上行的決心產生非常大的影響。

面對真實的自己

成長和上行，只和我們自己有關。

與上行有關的行為並不是一場表演，不需要被人看到，我們只需要清楚自己在做什麼，以及自己的水準在什麼位置就可以了，毋須醜化，也毋須美化。

強納森．海德特在《好人總是自以為是》（*The Righteous Mind: Why Good People Are Divided by Politics and Religion*）提到「我們的大腦是律師而不是法官。」大腦為自己找起理由來是不遺餘力的，而且可以輕易地騙過自己，我在學習和工作的過程中就發現了這件事。有時候，我會看著下班時間，快到下午五點了，再做點什麼就可以下班了。我做為公司的老闆尚且如此，就遑論等著別人付薪水的員工了。

有時我會因為社交而把學習放在一邊，並告訴自己「我正在做有意義的事，我沒有浪費時間，學習、成長、工作很重要，但社交也同樣重要」。但事實上，大部分時候都不過是一些平常的熟人社交罷了，而且我完全有能力兼顧以上這些事，但我會藉故沉浸在社交中，寧願將時間浪費，也不去做其他「需要耗費腦力和體力的事」，這樣便可以心安理得地不做。

如果你的內心在逃避了什麼之後有一種慶幸的感覺，那你就必然做不好這件事，因為你沒有定義好你的不舒適區。若是在學校這樣強制力相對較強的場所，天資聰穎的人還可以被逼著用一點點時間做好自己十分厭惡又時刻想逃避的事情，但在成年人普遍面對的更寬鬆的社會環境下，在「自學才是真正的競爭」的條件下，有效時間將被無時無刻的逃避天性壓縮到最少，那麼天資再聰穎也是白費。

真實的自己往往沒那麼優秀，但如果想持續上行，必須要學會面對。很多人做著一切貌似有用、好像能上行的事，但從來都不敢接受對結果的覆盤，也不敢接受考試的檢驗。

逃避健檢的人是真的認為健檢沒用嗎？不，他知道自己有問題，大腦可以被欺騙，但潛意識不能，只不過我們平時不把它放出來而已，因此才可以認為「不健檢就等於沒看到問題，沒看到就等於不存在」。同理，有些人知道自己最近吃多了，所以才怕量體重，因為一旦量了體重，潛意識就會變成顯意識，這樣就無法心安理得地放縱自己繼續吃了。

真正的上行一向都是艱苦的，是需要付出很高的時間成本。害怕覆盤結果的人，往往害怕的是結果會把潛意識調出來，進而告訴大腦「其實你是在欺騙自己」、「其實你是在逃避」，這樣他們就只有兩個選擇：要不就是接受停止上行，要不就是經歷艱苦的修行。前者會產生焦慮，後者會產生痛苦，大部分的人其實是兩樣都不願選的，而在中間狀態的「自欺欺人」最舒服，反正我在努力，若是最後結果不好，就是因為社會的環境不對，是社會沒有為我這樣的人留一條上行之路——他們甚至連未來無法上行的藉口都找好了。

其實根本就不需要那麼麻煩，我們只需靜下心來看看自己的狀態，就可以知道未來的結果了，大腦可以當作不知道，但健康會不知道嗎？身上的脂肪會不知道嗎？上行會不知道嗎？既然如此，那為什麼還要假惺惺地期待未來會發生奇蹟呢？

焦慮不可怕，因為焦慮代表著警告，正是你定義了正確的舒適區，才會產生「正確的焦慮」。但自欺欺人則相反，手動關閉了警告，這是把自己推向火坑的最快方式。

《零偏見決斷法》（*Decisive: How to Make Better Choices in Life and Work*）中提到一個叫「絆腳索」的概念，它就像「逃跑鬧鐘」，一種到時間了就會翻下你的床頭到處跑的鬧鐘，逼著你意識到此刻「該做什麼事」，以及不得不起身去關閉它。焦慮就是我們的「絆腳索」，是對狀態偏離正軌的重要提醒。

現在，我會對類似的大腦藉口和某些心安理得的狀態感到警惕，偶爾在大腦中迸出來「雖然……但我也在……」的句子時，我也會默默賞自己一個耳光清醒一下：醒醒，這不是真實的我。

專注於你的上行節奏

每個人都有自己的上行節奏，因為每個人所處的環境不同、背景不同、擅長領域不同、天賦不同、機遇不同，所以上行的節奏必然是百花齊放，各有其最佳路徑。但很多人出於安全感，就喜歡沿著別人的上行路徑走，哪裡人最多就去哪裡，別人幹什麼他也幹什麼，這樣的上行效率必定不佳。

任何領域只要成為熱點，參與的人必然增加，就會迅速出現「飽和」現象。一旦市場飽和，就很難再用提升效率的方式把餅做大，於是其中的每個人由於都想在原有的大餅裡多分一點，只能不停地進行「軍備競賽」，這就導致每個人都需要付出比原來更多的努力來得到相同回報，直到一部分人退出競爭後才能恢復平衡，這就是市場的力量。

「軍備競賽」對身處其中的成員當然不夠友善，但不要單純地認為這是一種畸形的社會型態，其實這非常正常。有人參與就會有競爭，例如外送服務，當大家都能用五分鐘送餐時，耗時十分鐘的人就會被淘汰，平台不會管是不是除了你，大家都不遵守交通規則，因為平台也需要跟其他平台競爭。而在平台的競爭中，消費者是不會管某個平台是不是多照顧了外送員一些而在競爭中落後，他們只會依據「我點的外送是不是能最快送到我手中」來投票。

在「軍備競賽」中獲勝的人，都是願意付出更大代價的人。他們無法在其他領域透過更少的努力、冒更小的風險獲得相同的回報，因此他們選擇繼續「軍備競賽」。如果你認為風險報酬比太高，自然就會轉向其他性價比更高的行業，因此這不是沒有解，而是很多人不願意解，同時也不想讓別人贏得「軍備競賽」。

但是每個人的情況不同，導致大家對性價比的定義不同。當你覺得這種風險報酬比不能接受時，有的人就能接受，因為他們的技能更差，能夠有的選項更少，又或者是更不把自己的健康和生命當一回事。

這就是自由競爭的威力，當一個門檻更低的地方，湧入更多比起你而言「替代選擇更少」的人之後，自然就把替代選擇更多的你擠出去了。整個系統只關心社會總產出是不是最大，因為系統是宏觀的，例如讓五個人受益的同時讓三個人的利益受損，但系統並不關心到底是哪個個體的利益受損了。

很多人抱怨某個行業競爭激烈，但又忙不迭地跟著其他人衝進去，並試圖讓其他人跑得慢一些。

然而這並沒有用，因為其他人並不會聽你的，重點在於你為什麼總是喜歡參與一大群人正熱衷的事情呢？大家都能進去狂歡的圈子，都是沒有門檻的，你又怎樣跟這麼多人競爭呢？

每個人都有自己擅長的事，都有自己需要長期堅持的事，都有自己要補充學習的東西，自然也有自己的上行節奏。你專注的這些事或許單獨乍看沒有什麼門檻，但順著自己的節奏一直上行，你獨特的做事節奏和時間搭配會讓它們變得有門檻。

你需要專注在一個長期有效的目標上，濾除雜訊，不理會短期內是否達到他人的期許標準，這樣才更有可能實現一些在更長的時間尺度中讓人感到驚豔的成就。

每個人都在努力上行，如下文圖中的小黑點都是他人眼中認同的小目標，而從 A 點開始，上行的終極目標是達到 B 點，則會有三種上行軌跡：

一、每一步都有一步的效果。即使這個人從 A 點到 B 點的上行過程中，每次都沒有完全達到別人眼中的那些小目標（小黑點），但他知道自己在做什麼，不在乎他人一時的掌聲和評價，每一步都是走向自己心中那個終極目標的最短路徑，當他到達 B 點的時候，周圍的人會很奇怪「這人之前似乎沒有實現過任何大成就，怎麼突然就這麼厲害了？」

二、看起來每次都能達成別人眼中的小目標。有些人雖然是品學兼優的模範生、優秀員工，縱然能夠依序達標，但實際上卻需要走更長的路。

三、為了迎合各種社會評價。有些人始終在踩那些別人心目中的「優秀點」，他的上行軌跡就有可能變成方向紊亂的狀態。

對於我們從小到大從長輩口中聽到的很優秀的人，泯然眾人的並不在少數，於是長輩們會歸結出「小時了了，大未必佳」的結論。其實不是這個道理，

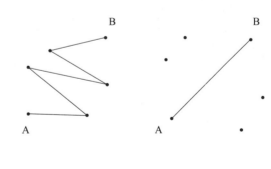

活在別人期待中路線　　好學生路線　　無視雜訊路線

是我們判斷一個人是否優秀，早就偏離了這個人是否真的優秀的標準，但我們卻固執地把誰更接近圖中小黑點稱為「誰更優秀」罷了。

在我小的時候，心算非常流行，就是那種一看到兩位數或三位數相乘就能瞬間說出答案的技能，掌握這種技能很容易被家長和老師稱為「聰明」，甚至有些家長還認為這樣的孩子數學成績肯定不錯，其實這種算術技巧跟思維訓練並不沾邊。

我們必須明白，只有那些位於我們達成長期目標道路上的短期目標，才真正值得我們去實現。很多時候我們都只需專注於自己的上行節奏，不管外界如何評價，優秀也好，無用也罷，我們的眼裡應該只有自己的上行路徑。

這件事別人無法代勞

每個人都有必須親自做的事，如：吃飯，沒人可以代替你吃飯；吸收知識，你最多只能從「吃粗糧」改「吃精糧」（如同我在螞蟻私塾裡將經典書籍進行精糧加工），但沒人能代替你吸收；鍛鍊，你花再多的錢請私人教練，也沒人能代替你長出肌肉。

這些事你必須親自執行。

還有一些事情，你若不親力親為，疏於親自操練，就會漸漸喪失掌控力，直到你的核心競爭力徹底消失。

如果你是一位作家，理論上沒人能代替你創作。但若此時你想轉型成為一名商人，將大部分精力用在商業經營上，那麼你就可以讓別人幫你創作和思考，你只負責審核、校對和整理。如此一來，你就會漸漸失去原創產出好作品的能力。

人的能力是用進廢退的，和身體肌肉一樣。就算是健身教練，也得長期透過重量訓練保持對肌肉的刺激，否則肌肉就會自然萎縮。人體非常聰明，如果你不持續對肌肉進行極限刺激，當它意識到這麼多肌肉長在你身上沒多大用處反而還白白增加能量消耗的時候，它就會將這些肌肉分解，降低你的能量消耗，就像公司裁員以應對業務量下滑一樣。

大腦也是如此，如果你不常針對具有難度的特定技能進行刺激性練習，那麼當你想再使用時，技能的熟練度就會差很多。此時感到費力的你可能就不想辛苦地重建連結，於是就漸漸失去這項技能。

由於工作的關係，我認識很多自媒體的大咖作者，當他們的自媒體還不成規模時，每篇內容都是自己原創，時有精品產出。但當自媒體的規模愈來愈大以後，各種非創作性的事情就愈來愈多，例如：走線下、出席活動、上綜藝，團隊也會愈擴愈大，漸漸從創作者變成了老闆、網紅。他們還能更新有深度的原創內容嗎？能，只是做這件事的性價比看起來不高了。於是，他們往往會找一些優秀的實習生幫他們創作基礎內容，他們再花不到半小時修改甚至不過問直接上線。

有一次，我跟其中一位老闆聊天，他對我不管是書籍還是文章「竟然完全由自己創作」感到非常吃驚。他問我是如何同時管理這麼多家公司還能保持創作產出，我說其實很簡單：人不存在沒時間，就是取捨問題，當工作有衝突時，我往往更願意保留「看起來性價比沒那麼高」的創作能力罷了。對此他坦言，現在自己創作一篇精品內容要比之前困難許多，因此也漸漸更願意將精力放在其他地方。

當然，他們的這種做法並沒有什麼嚴格的不妥之處，確實應該把手頭上的雜事盡量分包出去，這樣才能騰出時間完成更重要的事，否則總裁為什麼需要助理？但是，每個人都得清楚自己的核心競爭力是什麼，你是說相聲的，那麼相聲實力就是你的核心競爭力；你是當演員的，那麼演技就是你的核心競爭力；你是唱歌的，那麼唱功就是你的核心競爭力；你是從事產品研發的，那麼技術實力就是你的核心競爭力……

你可以無限擴展你的能力圈和業務範圍，擴大你的團隊幫助你完成各種綜合性的事務。在你的事業順風順水的時候，這一切都沒有問題。但你一定要清楚，當你某天跌落谷底時，你還能靠什麼被別人定義？找到它，這就是你最後賴以生存的價值，必須將它牢牢地掌握在自己手裡，任何人都不能代替你維持和精進。

千萬不要放棄你的核心競爭力，那是你最核心的安身立命之本。

不下行，才有機會上行

每個人都會遇到一些機會，基礎條件差的人遇到的機會小一點、少一點，基礎條件好的人遇到的機會大一點、多一點，但無論是誰，這輩子總會遇到。

每當我們上行到一個新階段時，我們大概就會受到一些做更大事情的誘惑，這些誘惑是我們在下層時看不到的。此時，我們會很自然地想趁勢獲得更大的成就，但卻容易忽視我們目前的上行，很可能只是大量運氣加成後的結果。

如果你去觀察一個人的一生，會發現很少有人是一直停留在同一個社會水平線上的，大多數人都是起起落落，上升時是遇到機會，下落時是遇到意外或者搞砸了某些事情。

不過有一類人，他們的人生軌跡幾乎只有起、沒有落，他們是怎麼做到的呢？以長跑為例，長跑由於距離較長，在跑完幾圈後往往會分出幾個「集團」。如果此時離終點還有較長的距離，而你又處在落後群，還有餘力往前追的話，你會一口氣追到第一領先群或第二領先群然後試圖跟著他們跑嗎？除非你的實力遠超越其他人或者你非常了解你的對手，否則你就應該一個個集團慢慢地追趕，先跟上前一個領先群，跟著跑一段以後再追上更前一個領先群。

當你趕上了前一個領先群，感覺自己還有餘力的時候，是最容易受到誘惑的，想要一鼓作氣往上衝，畢竟有誰不想當第一名呢？

但你要明白，每一個集團都有自己的節奏，如果你還沒熟悉這個集團的節奏就以為自己可以超越這個集團，那就有可能把體能提前耗盡，最後連在現有集團的位置都保不住。

人生起落是等閒事，大起需要運氣，但不大落，就一定需要技巧。

例如，你會如何對待因運氣獲得的第一桶金？你會用來購買「負債」，也許是最新款的車、最新款的奢侈品，或是用來購買能產生正現金流的資產，還是誤以為第一桶金是由於實力和做事模式正確，於是繼續投入「運氣事業」之中？

這裡需要有自知之明，更要有正確看待財富的意識，以及正確安置財富的習慣。每當上行到一個新的階段，都不是命運的理所當然，自然也有全新的「玩法」，你得先擁有保持自己目前位置的能力，好好觀察周圍的情況，然後再決定下一步該怎麼做。

下行的門一直都是開啟的。愈是處於低位，上行愈難，因為同處低位的基數大，運氣更難挑中你。此外，上行之後下行也很容易，因為愈往上走群體的基數就愈小，雖然此時繼續上行更容易，但如果你沒有保住目前位置的能力，下行也更容易選中你。

此時如果你再想回到原來的位置，顯然要比保住目前的位置更難。

上行的蝸牛策略

最好的上行策略是什麼？走一步大的，走幾步小的；再走一步大的，再走幾步小的……步伐大小不一，但持續不斷地向上走。

幾乎每個人都聽過「龜兔賽跑」的故事。在這個故事裡，由於烏龜和兔子的奔跑速度實在相差太遠，所以即使寓言故事的最後讓烏龜拿到了勝利，但當大家代入角色時，還是更願意成為兔子，因為大家都認為如果自己是那隻兔子，只要中途不休息那麼久，就可以輕鬆獲勝。

但現實中，只要思維層次在同一層或差個一層半層，人和人之間就很難有烏龜和兔子的差別。有人跑得快一點的情況的確有，但很難造成跨越等級的大幅度差距。所以，如果有的人一直堅持向上跑，而有的人則跑跑停停甚至還退兩步，那麼不管這個人跑得有多快，大概都是贏不過那個一直在跑的人。

只要一直前行，就算是像蝸牛或者烏龜一樣慢慢往前爬，最後依然能超越大多數的人。

不管在投資、創業，還是在寫作的過程中，我都有這樣的體驗和經歷，就是原本一起「起步」的人，最終總會由於五花八門的原因一個個掉隊，然後就不再是同路人。甚至那些原本遙遙領先你的先行者，也有可能會由於犯了什麼致命的錯誤，又或者突然懶惰了，還有可能有所謂「更有性價比」的事情做，因此再也沒回到競爭的行列中。

我們對人和人之間的差距常常有低估和高估。低估的是，如果人和人之間除了世俗價值的差距外，在思維上也有巨大的差距，那麼這兩種人之間的差距就會非常大，而且會以為思維體系沒追上之前，原本的世俗價值差距就已經是難以縮小；而高估的是，假如兩個人的思維層次都處於一個較高的維度，那麼就算彼此在世俗價值上暫時看起來有很大的差異，只要一方持續前行，即便只有遇到微小的好運，也會容易縮短兩個人之間的差距。這個縮小差距的前提，得是另一方開始走走停停甚至是後退才有可能。

很多人並未真正理解蝸牛策略的威力。爬過山的人都知道，看到對面的山很遠，很容易洩氣，有一種爬不到的感覺，這就是我們往上看我們跟其他人差距時的感受。但如果你只是專注於「爬」這件事，其實最終也能抵達。因此，如果對面的山不動，我們很容易就能爬上去。人也是一樣，前面的人只要一停止前進，你就有機會超過他，如果他後退的話就更不用說了。

很多人看自己腳下走得慢就容易洩氣，一洩氣就容易放棄，一放棄就自證預言「果真追不上」，不理解現實世界中的進步和追逐是怎樣的真實狀態，就很容易掉入這樣的陷阱。

當我們循正確的方式成長和上行時，我們的進步會比預期快，而別人的衰退也會比我們預期快。只不過這種追逐大戲，一定要在遇到某個契機時才會在「前端」展示出彼此的距離是拉近了還是拉遠了，人在遇到機會或者做錯事後，世俗價值是跳著走的，而不是一條平滑的上升或下滑曲線。但你不能說還沒到那個價值跳躍的點，之前的成長和累積就沒有用，那些東西就是你實現價值跳躍的引子。

正如我在前言中所說，我們可以把人的世俗價值比作遊戲人物的戰鬥數值，戰鬥數值並不會即時調整，不是你今天打了一個怪獸，你的戰鬥數值就從五〇變成了五一，你可以理解為展示在前端的戰鬥數值是兩年或者三年調整，到了調整的時刻，戰鬥數值就會一次性把你現在的累積展示出來，例如有些人從兩年前的五〇變成了五〇〇，但你不能說這個人就是在戰鬥數值調整的那一天才突飛猛進。其實，數值每天都在後台進行調整，只是前端不顯示罷了。

就像減肥，很多人跑了幾天步，覺得體重好像沒變，於是就很快放棄。但對於那些容易放棄的人而言，更正確的做法是什麼？以週為單位去量體重，以月為單位去測體脂就可以了，放棄以日為測量週期。如果你的目標是一天減掉一斤，前兩天沒動靜，不代表第三天不會直降三斤。

蝸牛策略的強大之處，在於它無視短期回報，堅持做自己認為正確且有益的事情。這樣最終你會發現，當遇到機會，獲取一次性回報的時候，將其攤平到每一天，其實你的成長效率是很高的。

最可怕的還是一旦你開始養成這種策略習慣，堅持做下去就會愈來愈容易，不需要花費過多的意志力；而那些沒有這種習慣的人，等到被你超越後，幾乎沒有追回的機會。尤其是在那些需要不斷更新知識儲備的新領域，只要不持續深挖，用「做事」的壓力逼著自己學習更新的知識，一旦出現空檔期後再想回來，要補的知識就會多到你沒有興趣再進入，微小的差距也就漸漸變成了鴻溝。

增加他人對你的依存度

蝸牛策略主張「但行成長，莫問前程」，這才是真正不依賴天賦、普遍適用有效的策略。很多人在做事的過程中，就是問了太多的「能得到什麼」，因而看不到真正對長期而言更重要的事。

人們常常為了三十五歲以後的職涯發展而焦慮。三十五歲之後，很多人在工作上的性價比降低，跟不上時代，無法加班，要求卻遠高於剛畢業的年輕人，因為他們得養活全家。

我們在年輕時的「斤斤計較」，究竟為我們帶來了財富還是安全感？其實都沒有，因為大多數人並不懂一個人在社會中能夠持續處在一個不低的水平線上靠的是什麼。

這個世界上，我們工作也好，學習也罷，無論有沒有薪酬回報，價值最大的都不是我們的收入，而是增加他人對我們的依存度，當別人愈需要我們時，我們的身價就更高，生存力也愈強；當別人愈不需要我們時，我們的身價就會更低，生存力也愈弱。

這個身價並不代表你當下擁有的財富，也不代表你當下為他人產出了多少價值，而是你對於他人有多高的潛在價值，以及這份潛在價值的可替代性如何。

例如在一家公司裡，你在某個環節的專業能力或者累積的資源非常強，因此老闆沒有你不行，那麼就算他不給你加薪，也遲早會有其他人出更高的薪水將你挖走；而如果你是打雜的，即使工作不分貴賤，卻有價值可替代性的差別，因為這件事並非只有你能做，所以別人對你的依存度低，相對而言，你的薪水也就更低。

有人說，老闆薪資沒給到位，因此我可以心安理得地偷懶。我不會在工作以外的時間思考工作的事情，我也可以不用心、不學習新知識。如果你也是這麼想的，我建議各位想想以下三個問題：

一、你的對手是誰？

二、你的盟友是誰？

三、你的工作年資有多長？

很顯然地，大多數時候，我們的對手是公司裡同樣職位的其他同事。這個同事是泛指，既是公司裡的同事，又是所有同類型公司同樣職位的同行，是他們的能力水準和薪資，決定了我們可替代性的強弱，也決定了我們的收入水準。

大多數的時候，我們的盟友是老闆和其他與我們合作而非競爭關係的同事，有人說，老闆不是跟我們搶利潤的嗎？不，我們跟盟友是一種共同協作完成任務，然後由老闆這個承擔更多風險的角色來分配利潤歸屬的關係。如果老闆分走的部分過多，那麼他就留不住不可替代性強的盟友，因為他們隨時可以找其他願意分更多利潤的老闆合作。

大部分人的工作年資，有三四十年之久。換句話說，到了很多人心目中的「中年危機」，例如三十五歲，在很多人認為職場發展幾乎已經定型的年紀，其實才過了約三分之一的時間。

當我們在考慮「今天多學習一些，老闆付我們的薪水跟我做的事情就不對等了」時，我們是否有想到明年、後年以及十年後的自己在幹什麼？

我們多做一些自認為有成長的事情，並不是心地善良地想為老闆帶來多少收益。如果能順便為老闆帶來收益當然也不錯，如果老闆願意順便為我們增加一點收益那就更好，但我們的出發點，一定是為了提升別人對我們的依存度，讓我們自己能夠更值錢，讓別人更離不開我們，就算沒有任何報酬，我們也非做不可，就如同很多學徒為了習得某些本事往往願意放棄收入。

我當過員工、當過老闆、做過投資人，也做過別人的合夥人，這讓我發現一件事，那就是幾乎在每一家公司中，都有一個叫「真實話語權」的東西。

所謂真實話語權，既不分角色，也不分頭銜，更不分職位。因此，一家公司裡真實話語權最大的可能是老闆，可能是投資人，也可能是某位員工。

而真實話語權如何獲得？這並不是由誰分配，而是每個人自己爭取而來的，**誰在價值協作中提供更多不可替代的貢獻，誰的真實話語權就更大**。例如在某家公司中，我雖然是大股東，但合夥人攬下各處重責，辛勤耕耘，直到這家公司少了他比少了我還嚴重，那麼他的真實話語權就大於我，他也能以愈來愈高的業績激勵獎金，最終收入甚至超過我。

再打個比方，我們一起合夥開店，如果你是「甩手掌櫃」，所有的工作都由我一個人來做，看起來雖然不影響彼此出資占的股份比例和利益分配，但你就不能怪我動「歪腦筋」，等這家店火了，我分到了自己可以獨立開店的錢，為什麼還要繼續跟你合夥呢？

大學剛畢業的時候我待過一家公司，有個銷售人員的收入比老闆還多，因為他跟老闆是以七三比例分利潤，他拿七老闆拿三。他一個人就接下這家公司一大半的業務，所以他的總收入自然比老闆還高。當時我問我的主管，為什麼利潤分配是這種比例？他說因為這個銷售人員每次參與的投標都能中。這就是一種真實話語權。

無論我們做的是對上行有助力的事情，還是僅僅在消磨時光，一天的二十四個小時總會過去。即時收益有時並沒有那麼重要，你究竟做了什麼，其他人也不一定能看出來，就像你每天都去健身房，並沒有人關注你是否真的在鍛鍊，但一段時間之後，你的身材會告訴你。

同理，你每消磨一天，即使不會反映在你下個月的收入，但別人對你的依存度就會減少一分。所有不利於別人更需要你的事，都是你的人生阻力，你以為消磨工作時間是賺到老闆付出的薪水，其實坑的全都是自己的未來。

專注實體，遠離虛浮

成長和上行為什麼這麼難？因為它是一件客觀的事情。它需要我們先暫時忘記自己的心理收益，專注於實際的收穫，接著以此為基石，再去實現更大的成就。這件事對年輕人來說是尤其困難。

年輕人剛獨立不久，迫不及待地想證明自己，極度害怕他人的輕視，因此會抵不住虛浮的誘惑，去做一些短期在心理上受益但對上行有害的事情。

在絕大多數情況下，現實收益和心理收益是自相矛盾的。

炫耀獲得心理收益，卻增加別人對你的嫌惡（就算有些人因為崇拜強者而親近你，也會為你帶來必須在各方面「落實炫耀內容」的壓力）。

自尊心太強獲得心理收益，但不得不放棄現實收益——要不就得罪人，要不就賭氣不要利益。

虛榮獲得心理收益，卻增加現實成本——別人有的我也要有，買了不需要的東西或購買奢侈品花了冤枉錢。

嫉妒後的自我安慰能獲得心理收益，卻影響理性判斷——朋友買的資產大漲，自己本來有機會進場卻沒買，於是趕緊期待大跌，嫉妒矇蔽心智，導致對投資標的前景的再次誤判。

心理收益和現實收益的關係大致如下圖：

總收益是固定的，我們可以把中間那條線左右移動。增加右側部分的面積才能讓我們成長和上行得更快。中間這條線每往右移一點，都會成為成長的負重，每增加一點負重，我們就需要有兩倍的成長才能維持原速，這是一道簡單的數學題。

那我們難道就不需要一點點心理收益了嗎？難道我們不可以在某些時候讓自己感覺好一點嗎？當然不是。我們在對上行的渴望中，一定有一部分渴望是對心理收益的渴望，我們渴望獲得尊重，渴望獲得心理

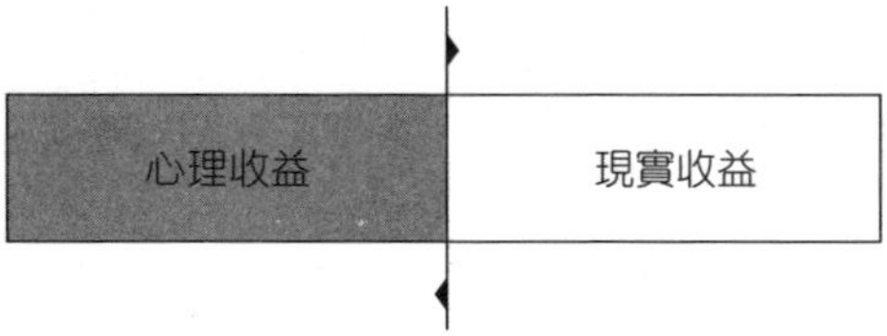

心理收益與現實收益關係圖

上的優越感。但怎樣才能讓我們的心理收益總量最大化呢？

當一個人有了一千萬的資產，年收入一百萬時，買個一萬塊錢的包並不會造成財務上的負擔。同樣的道理，當心理收益跟現實收益互相矛盾時，心理收益的釋放必須以我們當下所處的社會位置、現實擁有的物質作為衡量標準。若是當下釋放的心理收益量會導致我們的上行顯著變慢，那麼最好就放棄它。

成長的一步就是一步，任何虛浮都是對時間的浪費，甚至會消耗已有的成長資源。我經常舉的例子是：你在健身房拍照打卡或許能夠獲得他人一時的讚許，但無法得到肌肉和脂肪的尊重，更不用說特地拍照打卡還浪費了原本可以用於其他上行機會的時間，這些都是機會成本。

穩定上行大於暫時成功

在上行的過程中，我們難免會繞一些彎路，就像現在，我判斷你繞了不少彎路，但必定也累積了屬於你的獨家經驗。

人對成功有一種天生的偏好，對失敗有一種自然的抗拒。因為人們認為成功一定是做對了事情，而失敗必定是做錯了什麼，因此人們崇拜成功者，鄙視失敗者；模仿成功者，遠離失敗者。

但事實並非完全如此，有些成功是因為做對了事情，而有些成功單純就只是因為運氣好。一個人成功了，不代表就提升了他這個人本身的價值，這是兩碼子的事，而沒有價值提升的成功，往往是不可持續且不可複製。

例如，我們在學校考試中做選擇題，就算選 C 選對了，但不代表我們真的理解。如果我們因為猜對答案而在訂正時忽略了這道題目，那還不如選錯了更好，沒有經歷過錯誤的正確，隱憂其實一直存在，而且愈到後面重要時刻，影響愈大。

有些孩子在上小學時的成績不錯，到了中學時成績就一落千丈，如果學習態度沒變，那麼通常就是由於基礎不扎實所導致。考試的時候可以耍小聰明，只要把題目做對就行，但考試分數並不能代表一個學生的真實水準，考完試以後還是要認真落到每一道題的解答上，並不是對的題目就可以忽略，因為下次未必還能猜對。

成功，只是一種暫時的結果狀態，是由一定比例的自身價值和運氣所組成。自己的能力和價值，會影響成功的機率，但不能直接推演出成功的結果。

你可以想像兩個人拋硬幣，一個人拋到正面的機率是五〇%，另一個人是五五%甚至六〇%、七〇%，這不代表這兩人在猜硬幣正反面的競賽中，如果只論一次時前者一定會輸。如果你只觀察人生中的某一段，也就是進行有限且少量次數的比較，你會發現運氣在成功的占比非常大。但如果你把時間不斷拉長，進行愈來愈多次的比較，受大數法則的影響，後者笑到最後的機率就會高出許多。

舉個例子，前者或許先連續拋到了五次正面，也就是先獲得一些成功，但後來因為各種原因導致「正面率」下滑，也就是平均數復歸；後者可能一開始拋到正面的次數少，但只要他拋到正面的機率始終大於前者，那麼還是大有機會後來居上。

因此你有沒有發現，在成功的路上，其實你只需專注於自己的成功機率，看看今天對比昨天有沒有一點點的上行，完全不需要管今天拋出的是不是正面，也不需要管你周圍的人今天拋出的是不是正面，這才是最正確的策略。

失敗或者錯誤，都有機會讓我們更加了解某個領域的深層結構。我在投資創業的過程中犯過很多的錯誤，大小失敗不計其數，但我都將它們想像成愛迪生在實驗室做實驗：如果發明一種東西平均需要一千次不同類型的試錯，那麼每一次錯誤後只要我認真總結不再犯，就代表我更接近真理。

通往成功的是一點一滴的成長和上行，排除一個錯誤選項同樣也是上行。有些人一開口就能給你一針見血的建議，那是因為你犯的錯誤他也犯過。為什麼投資人更偏好連續創業者？因為新人一定會踩各種創業的坑，有些東西無法躲避，那就等於自己的錢被拿來作為別人成長和上行的素材。

誰才是更穩固的上行者？那些排除過各種的錯誤答案後，最終上行到一個較高層級的，才是真正能守住上行果實的人。

上行清單

- [ ] 01 修飾的東西，永遠沒有主體本身來得重要。
- [ ] 02 人無法「真的」跳脫舒適圈，但可以重新定義舒適圈。
- [ ] 03 一個好的成長目標，是既能明確感知距離，又能帶來獲得的滿足感。
- [ ] 04 焦慮並不可怕，因為焦慮是一種警告。
- [ ] 05 只有那些位於我們達成長期目標道路上的短期目標，才值得我們去實現。
- [ ] 06 千萬不要放棄你的核心競爭力，那是你的安身立命之本。
- [ ] 07 人生的「大起」需要運氣，但想要不「大落」，就一定需要技巧。
- [ ] 08 人的進步往往比看起來的要大，衰退也一樣。
- [ ] 09 每個領域都會有真實話語權，不以檯面上的身分、職位為界。
- [ ] 10 當心理收益跟現實收益相互矛盾時，心理收益的釋放必須以不拖累上行為限。
- [ ] 11 比起靠運氣選對選項，排除錯誤答案對持續成功或許更有利。

Chapter 3

時間

最珍貴的生產工具

時間是超越的最大祕訣

很多人只把時間當成一種記錄生命的刻度，其實不只如此，我們還可以從很多維度去理解時間。我們加深對時間各個維度的理解，都會對行為有正向的助益。

從上行的角度來看，時間無疑是最重要的一種生產工具，無論是增加財富還是智慧，你都需要用到時間這種生產工具。理論上一個人最終成為怎樣的人，跟他把自己的有效時間用在哪裡呈正相關。我有一位大學同宿舍的同學，四年時間一直都在夜以繼日地玩一款叫「格鬥天王'97」的遊戲，即使主修科目成績不那麼出色，但至少在這個遊戲上我覺得全校應該很少有人是他的對手。

時間是我們在某方面超越其他人、最大最顯眼但又最少有人關注的祕訣。我們在前面不只一次說過，時間能夠讓平凡無奇的小進步，最終演變為大成就，但前提是，你在對的方向花費比其他人更久的時間，無論是其他人因扛不住而中途放棄，還是你使用了一些「偷時間」的技巧，總之你的有效時間得大於其他人，這樣在其他條件基本對等的前提下，超越就是一個順理成章的事情了。

每個人每天的時間都是二十四個小時，沒有人可以因為自己的財富多或地位高，而為自己添加一些時間這種生產工具。從這個角度看，時間很公平，無論什麼人，都得從頭開始學習時間的最佳用法，沒有人可以不經學習，就用已有的生產工具對其他人進行「降維打擊」。

從外部增加時間已然被嚴格卡死，於是就只有從內部著手了。以下三種方式能夠幫助我們增加某一方面的有效時間。

從其他地方挪用時間

我們通常使用的就是這種方式，如果你想多賺錢、多學習知識，那就必然要減少娛樂。無用的事情多占用你一分鐘的時間，你花在有用事情上的時間就要少一分鐘。

賺錢有兩種方式，一種是提供價值，另一種是市場判斷。對於第二種方式，我們會留到第七章詳細說明，而第一種方式的本質非常簡單，你擁有別人缺少的東西，一旦互相媒合就能賺到錢。如果你發現別人缺少的東西你現在還沒有，那麼上行思路也非常顯而易見，即把「滿足自己消遣」的時間拿去學習就可以了，解決賺錢問題在時間上就是這麼簡單，沒有別的奧祕。

用最適合的時間做最適合的事

很多人玩過「俄羅斯方塊」的遊戲，當一整排被方塊填滿時，那一整排就會消除，因此我們要把最適合的形狀放入最適合的空隙裡，否則就容不下那麼多的方塊。

舉個例子，兩個同樣的人要在一天之內完成同樣多的事，一個用完整時間瀏覽娛樂影片，另一個用完整時間進行艱難的連續性任務，結果會怎樣？

你可能會說大家的一天都是二十四小時，沒什麼差別，這是不對的。人一天的時間被分為「完整」和「零碎」，零碎時間用來吃飯、等人、走路、上廁所等，這些時間只能用來完成細瑣的小事，想要完成有連續性的大型任務是不可能的，因為剛整頓好思緒準備開始，零碎時間就結束了。

如果一個人用完整時間做完了所有的細瑣小事，那零碎時間該用來做什麼呢？什麼都做不了，只能在無所事事中度過，因為這些時間做不了需要完整時間的大事情。這就是「插不好空」的人對時間這種重要的生產工具常見的浪費方式。

從內部偷時間

除了挪用搬運與安排適合事項在完整或零碎的時間空隙外，我們還有兩種可以「偷」時間的方式。

第一種「偷時間」的方式叫作減少摩擦。

我們日常使用時間時，其實是有很多摩擦的。什麼是摩擦？把時間花在其他人看起來無用的事情上，不叫摩擦，那只是我們自願把時間用在這些獲取短期快樂的事情上而已。

但如果我在創作的兩個小時內被人打擾了七次，而且每次受干擾之後都需要花時間梳理之前所有的文稿，才能接著創作，最終導致五個小時才完成原本兩個小時就應該完成的事，這部分的差異就是摩擦。

摩擦是出於我們意願之外的純粹浪費，既不對上行有利，也無法令人產生快感。如果我們可以優化工作流程，改善一下做事的規則，例如我用兩個小時進行創作，再用一個小時集中處理這七次受到干擾的事情，那麼我就能憑空多出兩個小時可用。雖然將合適的事項安排在完整或零碎時間，有時也是減少摩擦的一種方式，但兩者並不完全相同。

第二種「偷時間」的方式叫作平行運行。

生活中的很多事情都可以自動運行，只不過人們很少認真去研究做事的順序，導致能夠自動運行的事情在缺少運行的素材時，乾耗著不動，因此這裡若是做得好，也可以偷到時間。

舉個例子，我每天上班的第一件事並不是專注在我的創作，而是先把要跟下屬溝通好的事情都處理完畢，然後才進行我需要獨自完成的部分。不要小看這個順序的安排，當我跟下屬提前溝通之後，在我創作的同時，我還有很多「分身」，也就是我的下屬在幫我完成其他工作。如果我在上班後先悶頭創作呢？我的下屬就很可能領會不到我的意思，他們做的工作在等我創作結束後審核，發現都得重新處理，於是這段時間就沒有平行運行更多的事。

至於在財富上，如何以多個分身同時掌控各種生產工具自動運行幫你一起賺錢，我們將在第六章中進行詳述。

總而言之，時間幾乎是我們所能接觸最公平也是最昂貴的生產工具，超越同等級的其他人，基本上靠的就是有效時間。而有效時間不以表面時間為準，是可以在不改變一天二十四個小時硬性限制的前提下偷偷「增加」的，因此有些人在一天之內能做完很多事情，而有些人雖然看起來忙碌，但是完成的工作量和效果都不盡如人意，這樣在成長的速度上自然有巨大差異。造成這種現象，往往是每個人對有效時間利用率的天差地別。

因此不誇張地說，誰更懂得使用時間，誰的上行希望就更大。

看不見的指數曲線

很多年輕人的焦慮，在於看不到指數曲線，或者不相信在上行這件事上有指數曲線。他們喜歡單純地從現有狀態去推算幾年甚至十幾年後的自己，然後發現未來的生活、事業等並不會有多大的改變，於是得出一個「自己沒有機會」甚至「年輕人沒有機會」的結論。

其實，任何一個時代的青年人都可以得出類似的結論，因為無論哪個年代的年輕人都會有兩個共同性：

一、想要的東西買不起。

二、想要的位置正被中年人占據。

許多年輕人認為自己這一代沒希望、生活很難，但最後都會發現，每一代的年輕人最終大部分都達到自己年輕時設下的最低標準，有不少人還成了下一批年輕人仰望的中年人。

布萊恩．費思桐在《人生的長尾效應》（*The Long View: Career Strategies to Start Strong, Reach High, and Go Far*）中提到，一個人在四十歲以後，平均能獲得的財富是一生總財富的八五%至九〇%。這可能跟年輕人的認知不符。年輕人通常認為一個人要是能有錢，應該很早就會有錢了，如果三十五歲還沒什麼動靜，通常這輩子也就這樣了。

人是靠模糊感覺推演世界的動物。關於這點有一個著名的故事，這故事有很多版本，但每個版本都差不多，故事說有個人發明了西洋棋，國王問對方要什麼賞賜，他說我就要一點米粒，第一天在棋盤的第一格中放一粒，第二天在第二個棋格中放兩粒，直到放滿整張棋盤。國王覺得很簡單，於是就滿口應允，直到放了很多天，國王依然覺得很簡單，因為一粒、兩粒跟六十四粒的差別並沒有那麼大，米太小了，隨便抓出一把就會有幾百粒。所以，如果你認為幾百粒以內整體都算「小」的範疇，你就不會關心小範疇裡的變化，即使每天翻倍，也不會引起你的注意。

這就是先對事物下一個模糊的定義，然後根據感覺選擇性地關心。

上行的指數曲線，大致有兩種型態，一種是你累積到了某個點後突然爆發，是突然爆發型的上行曲線：

這個座標軸的橫軸是時間，縱軸是收益。在到達橫軸上的a點前，經過了漫長的時間。而最終到達a點時，收益也只是c，在這段時間裡，年輕人很容易認為自己正在做沒前途的事。

但a點是一個轉捩點，過了a點後，可能由於累積而上了一個台階，或是遇到了一個意想不到的機會，進而使a點到b點只花了極短的時間，獲得

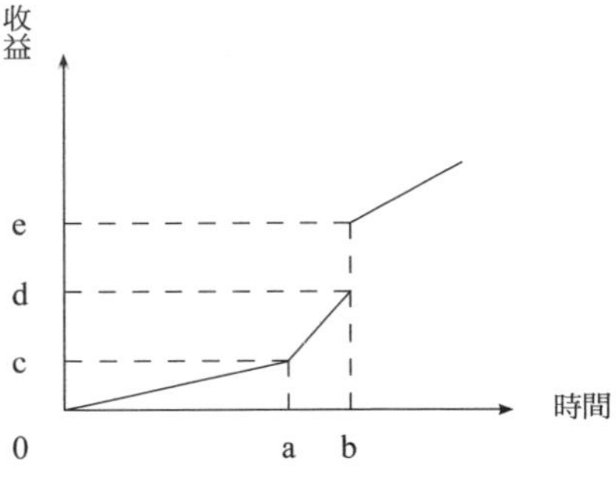

突然爆發型的上行曲線

的收益卻等同於整個從0到a點的時期（c點是0和d點的中點），此時人們才會真正明白，努力做正確的有關上行事情的意義。有些人還會在b點時遇上一個重大機遇，時間沒增加，收益卻直接跳躍到了e點，進入了一個收益的新境界。

年輕人焦慮的時間點，往往就是a點之前的那一段漫長的黑暗期。一旦堅持過去，關於上行的努力就不再需要消耗意志力去堅持，而是成了一種自然而然的事；在到達a點前放棄的人，自然無法看到之後的風景，於是這兩類人都覺得自己的做法沒有問題，他們對上行這件事就分化出兩種截然不同，並且非常堅持己見的態度。

還有一種情況，上行曲線本身是連續的，但由於個人對「是否已上行」這件事設立過高的衡量標準，於是在未達到這個標準的臨界值之前，就會忽

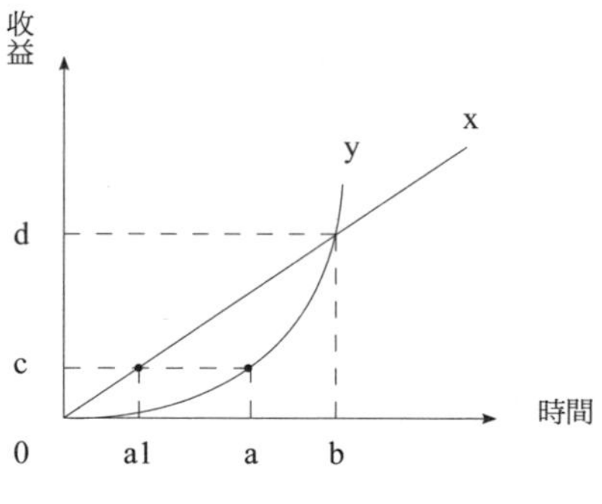

連續型的上行曲線

視上行的進程，就如同連續型上行曲線的y曲線：

如果一個人的「有感上行」，是從a點到b點這一段，甚至有人是在b點以後，那麼他就會長時間感受不到自己的上行進程，就像一粒米跟十粒米的差別一樣，明明相差十倍，卻什麼都感覺不到。

這些人往往對自己的行為有即時且高的標準，他們總認為自己的上行曲線應該是x，所以當他們到達時間a1點時，就認為理所當然要有c點的回報，而從y曲線來看，時間a1代表的收益幾乎可以忽略不計，於是他們就會認為自己被坑了，認為之前所做跟上行有關的事情是無用功。

而事實上，大部分人的成長曲線都更接近y曲線。能堅持到b點之後的人，都是被下一輩年輕人羨慕的中年翹楚。

先填滿，再優化

既然時間是如此貴重的生產工具，那大多數人平時又是如何使用時間的呢？

如果你去朋友圈裡做一個調查，會發現你大多數的朋友都說自己很忙，但他們是不是真的很忙？當然不是，如果你是一個普通人，那麼你的十個朋友裡有一個是真忙，就已經很了不起了。

準備一張紙，鉅細靡遺地記錄下你一天當中每時每刻都在做什麼，你會發現，無論你有多麼注意，每一天都至少有一些時間是空白的。這些空白的時間你在做什麼，是不是想不起來了？再看看你努力寫下的記錄，你會發現一天下來真正用來做正事和學習知識的時間少得可憐。

如果不認真記錄幾次，你的大腦永遠會感覺自己很忙。別忘了人是感覺動物，將那些空白時間進行選擇性遺忘，再將精采成果羅列成串，這樣就會認為自己做了很多事。正如電影，將幾十年的平淡生活抹去，光播放九十分鐘的大事集錦，你的人生看起來也同樣精采紛呈。

但是你別忘了，一天有整整二十四個小時，二十四個小時並不短。試著想像一下，連續工作一兩個小時後就能讓你覺得今天沒有虛度光陰，那二十四個小時是什麼概念呢，你還能說自己真的很忙嗎？

「時間就像牙膏，擠擠總會有的」，這並不是一句空話。每當我認為自己已經很忙的時候，我試過再加入一項大任務，發現也一樣能夠同步完成，我相信再繼續加入一項也是如此。

一個人的時間和精力的彈性是如此之大，所以有人問我職業轉型的事情時，我通常會回覆說你先試試把它當作你的小副業，看看是否適合你再轉型。此時按照慣例，這位讀者就會說「我日常工作很忙，沒有精力再兼顧一項副業」，到這裡就很難再聊下去了，因為這非常可能是個謊言，一個人無論工作多忙，都不太可能沒有時間兼顧副業。

沒時間是個假議題，通常這麼說的只有兩種可能：不想做更多事，或是占用時間的優先等級不夠。後者就是大多數人常見的情況，例如當任務是學習的時候，很多人就沒時間，因為晚上還要應酬同事。但這樣的表達不夠精確，更精確的表達是「應酬同事的優先等級更高」，因為如果任務是跟某位貴人吃飯，他們肯定立刻就有時間了。

人們說「我會忙不過來」大都是假的，因為大部分的人根本還沒滿到對時間的使用做出取捨的程度，他們還能排入活動，再排入活動。而當一個人還能再排入更多事項時，是沒有資格先對時間做出優化的，他只需要承接、再承接更多的事務。

先把自己的時間全都用於各類長期服務，並且都承諾出去，直到將它們完成之後，人們才會明白什麼是真正的上行速度。

我日常身兼數職，不僅有幾家公司需要打理，每天有大大小小的會要開，同時還需要做一個創作者需要做的所有事。同時，我還接下了解讀書籍的長期任務。這個任務非常耗時，有時也讓我頭疼，但在兌現承諾的過程中，不知不覺讓我的大腦多輸入了很多優質的書籍內容。

為什麼我這麼一個喜歡讀書的人，在沒有接下這個任務之前，一年到頭能認真讀完的書也沒有幾本？我說過，人對時間的使用彈性極大。一個會可以開三十分鐘，但若是真的要縮減，十五分鐘也可以；一次對外交談可以進行兩個小時，但若是真的有非完成不可的任務在身，半個小時其實也能談明白……

當你對自己還不夠狠的時候，大腦就會實現你的願望，將你的時間用無效行動填滿，以便讓你有「很忙、很努力」的良好感覺。

因此如果你想更快地上行，第一件事就是先把自己的時間填滿。先不要管什麼該做、什麼不該做，只需不停地往裡裝任務，裝到時間嚴格衝突的時候再談優化。堅持幾年後，你自然就會明白為什麼之前難以上行了。

一招擊敗「拖延」

每個人都認為自己很忙，但其實並不是這樣，只是大家都不太會刻意壓縮自己的時間去提升效率，因此才顯得忙。

一項看似複雜的工作花掉比較長的時間，聽起來很合理，但在現實中往往是拖延作祟，花掉較長時間的真實理由，常常是有較多的時間可花，若是工作時間被嚴格壓縮，人就會迸發出更強的力量，將任務更快完成，在這個過程中，我們整個人都會變得更加專注。

很多人潛意識裡都清楚自己有拖延問題，也知道拖延不那麼好，但就是管不住自己，只要看著時間還有剩，就總是忍不住拖到最後一刻才開始。從寒假作業到工作任務，從來都沒有什麼改變對不對？我相信不少人都嘗試過各種激勵自我或約束自己的方法，但無論正面的還是反面的都不太奏效。

其實，我們完全不必為「拖延」這件事而感到羞愧，因為這本來就是人的一種天性，是深深刻在我們骨子裡的東西。在愈不確定的環境中，拖延就愈是有其獨特的好處。例如，我今天有計畫地去打獵，我可以早上出發，也可以下午出發，但如果我早上出發，萬一中午就有人送來其他食物呢？那我今天豈不是就不需要再額外出門打獵；又或者到了下午，我突然改變計畫，有更好的想法了呢？

拖延行動，能夠讓我們在時間還充裕的情況下，應對更多的不確定性。

但這是在「環境遍布不確定性」的時代，如果在現代社會，環境比較確定的情況下，我們就是想要及早完成任務，那麼又該如何改變這種「原始大腦」的頑固設定呢？

剛才所說「填滿時間」就是其中一種方式，先將你的時間徹底填滿，迫使你在每一段較短的特定時間內完成每一項特定的事項，否則就會無法兌現你的任務承諾，此時不管多麼嚴重的拖延症都能治好。

不過事情並不都是短期完成，有些事情安排是短期，但有些事情則是需要長期完成，例如我要寫完本書，就一定是需要安排較長時間完成的事項，不可能一蹴而就。面對這樣的事情，我也會拖延，也會想著優先完成其他馬上要交出成果的工作。

但如果是這樣，本書可能會拖上多年都無法問世，畢竟每一天都會有更緊急待完成的事情。我之前說過，時間的彈性非常強，你可以把緊急要交付成果的工作花更多時間修飾再修飾，使之完美再完美，那怎麼還會有什麼時間留給這種重要但不太緊急的事情呢？況且這種拖延在很多人心裡或許都算不上拖延，畢竟「我真的每天都有那麼多事情要完成啊」。

為了打敗這種難以察覺的隱性拖延，我有一招「親測有效」的應對方案，那就是「讓拖延順其自然」，既然它這麼頑固，那就先順從它，然後再想別的辦法。

具體的方法如下：

一、了解每一項工作的最短完成時間。

二、確認哪些工作就算無法在規定的時間內完成，也可以透過後期拚命彌補來挽回損失。

三、壓縮每一項短期工作的完成時間，把其餘時間都留給長期工作。

舉個例子，假設我現在有三項工作要完成，第一項是今天要在我的公眾號「請辯」上寫出一篇文章，第二項是本週要完成一本優質的思維類書籍的解讀，第三項是我要在二〇二一年的夏天之前完成一本新書。

寫出一篇文章是今天的緊急要務，與其類似的還有開會討論公司的產品細節等，這些都是必須在今天某個時間點之前完成，因此優先做沒問題，但我必須算好時間節點。例如，我在今天中午的十二點前要發出文章，由於我知道自己通常完成一篇文章需要兩個小時左右，那麼我在今天的上午十點就必須開始寫，萬一到中午十二點還沒完成，我也可以寫到下午一點再發布，那就從上午十點開始寫，這就屬於可以透過後期彌補來挽回損失的事情；如果中午十二點是預先承諾發布的時間，無法修改，那麼為了避免意外發生，我可能需要在前一天晚上就寫出大綱，或者在上午九點前就開始動筆，這就是一種比較剛性的任務，屬於不可以透過後期彌補挽回，往往得多留一點時間。

在我把當天必須要做完的事情都用這樣的方式壓縮以後，其實我就做完了一件事，那就是「讓拖延順其自然」，我完成文章需要兩個小時，而我的工作安排，就是「拖」到剛好只剩下二個小時才開始動筆，其他事情也同理。因此如果我們無法對付拖延問題，那就乾脆安心等到不能再拖延的時候再動手。

然後你就會發現一件事，那就是你會多出很多的時間。是的，即使你的工作已經被塞爆，但當你拖延到不得不開始的時候才正式開始，就能把每一項工作的時間壓縮到極限，於是就會憑空多出很多可用的時間。

接著我們就能來規劃第二項工作，計畫多餘的時間是先做每週都必須完成的對一本經典書的解讀，還是用來寫書？

同理，我先把每週都必須完成的解讀工作壓縮到極限，我能不能用週末的時間就完成這一週的解讀工作？可以，或許稍微有點勉強，穩妥一點我可以在週五就開始這項工作。

因此時間安排就很清楚了，週一到週四，只要是當日任務進行以外的時間，我全部都用來寫這本書，而不是用來做每週解讀。我有個親身的例子：某一週的週日我要陪父母爬山，週六的時候我面臨兩個選擇，一是提前把本週解讀工作的最後部分搞定，二是多寫點新書的章節，週日再抽空完成最後部分的解讀。

我最終選擇了方案二，且在週日中午和晚間吃完飯的空檔，把解讀工作也搞定。試想一下，如果我預先就把解讀工作完成，那麼面對如此長期的新書工作事項，我必定不會隨身帶上電腦，而是會在這個時間，跟父母天南海北地聊天，於是新書就又少了幾個小時完整的創作時間。

因此如何打敗拖延？順從它，拖延你的每項工作到不得不開始的時候才開始，剩下的時間都優先用於做一些長期有利，但時間看起來不那麼緊迫的事。一段時間之後，那些耗時許久、不急迫，但又收益巨大的事情會告訴你答案。

只做大事

要塞滿自己的可用時間，塞到塞無可塞才能開始優化。前面所提「擊敗拖延」的方法是優化的一種方式，接下來說說優化的另一種方式：只做大事。

塞是加法，打敗拖延的方法是排序，是在不改變時間總量的前提下讓整個空間裝得下更多東西。但是當這種加法和排序做到極致時，我們就需要減法，開始做取捨，這跟做產品、寫文章、找對象等事情的處理方式一致。

可是「只做大事」會不會跟經典的「細節決定成敗」有衝突？其實並沒有，因為這是一個重要性排序的問題。細節決定成敗的前提，是大事先做到夠好，只有在大事完成度對等的前提下，成敗才和細節密切相關。

把大事做到什麼程度，決定你的整體收入是在哪個等級區間，以及你這個個體的整體運行趨勢，其他所有小事加在一起帶來的收益都只是在這個等級的區間內浮動。例如姚明的孩子和我的孩子，身高區間從出生時就已經註定，運動和飲食可能會帶來十幾公分的浮動（也已經不小），但大概不會差異到幾十公分。

將大事定下來，才能分出精力去照顧小事，但在此之前則是沒必要關注小事。

或許你還經常聽到這樣的故事：求職時所有人都沒注意到地上的紙團，只有一位學歷不高的求職者注意到了並將紙團隨手丟入垃圾桶，結果這位求職者因為這件事而被錄用，理由是細節之處見人品。

這種灰姑娘或醜小鴨變天鵝的故事，往往非常容易打動我們，但這是要給孩子建立信心的故事，並不能反映常規社會的運行方式。

在大事上難分高下時，細節才會開始有所作用，否則連放在一起比較的機會都沒有。例如求職門檻就是清華和北大，那麼普通人連透過撿紙團展現自己「良好習慣」的機會都不會有，就算去現場撿了紙團，也根本不會有人注意到，因為大家在其他重要事項上並不處於相同的競爭維度。

很多人一天的待辦事項可以列上三四十條，的確做到了「塞無可塞」，他們自己也覺得生活充實，但這樣細瑣的計畫無法完成任何一件具備高價值的事情。

細瑣的事情的確需要有人去做，但由於煩瑣且簡單，可替代性強，因此就算做得再多，也得不到多少回報。所有專注於成長和上行的人，都應該盡量避免做這些事情，盡可能地讓別人去完成或直接忽略。

我的公司裡有兩種典型的員工，在他們剛進公司時我就會給他們定位，這個定位不是定職位，而是定類型。有一種人就適合一天做三四十件事，就算你給他們再多的自由時間去完成一項大專案都是徒勞，因為最終他們都無法做出你要的效果，甚至還會搞砸，因此他們就適合輔助他人完成那些誰做都差不多的工作，這些人很忙，工作穩定，但收入不高；而另一種人是專門用來完成關鍵性大專案的，我不會給他們安排過多的工作，也會把他們在完成大專案過程中涉及的雜事都交給第一種人，因為他們需要更多的自由時間去思考、去試錯，去跟關鍵人建立聯繫，去創造一些別人想不到的新方法，他們看起來不忙，收入又不錯，但一旦最終的結果不好，往往工作不保。

這裡初始的定位非常重要，如果一個人明明是第二種人，卻被同時安排了不少第一種人的任務，那麼他就會變得愈來愈像第一種人，因為他用來處理大事的時間被擠壓，大腦裡也被塞入太多小價值的待辦事項，想做大事往往需要將一定的時間「浪費掉」，還需要把大腦的運行空間騰出來，我常常會在散步的時候湧現解決某件重要事情的靈感。

這兩種人有各自的特點，也有適合自己的生存方式，但如果你是鐵了心想上行，那就必須成為第二種人。就算你現在是第一種人，也要盡全力利用一切可學習的時間學習「如何更好地完成大事」，從職場習慣到專業技能，都要往這個方向轉變，以便從第一種模式切換到第二種。

當你漸漸能把一件開放性的大事做得比別人更出色時，你就進入了一個「大事正循環」。所謂開放性的大事指的是做事細節和行事方法都未定，需要你從框架設計開始，自己制訂方案和執行重要事情，而不是有人直接教你「怎麼做」，讓你照貓畫虎。

而大事正循環，則是由於你已經能夠從零或者幾乎從零開始做好重要的大事，因此你的時間一定更值錢。又由於你在單位時間內創造更高的價值，得到更多的回報，那你就只需分出一小塊回報去購買別人的時間，幫你完成那些你不可替代的核心價值以外的小事。

這些小事原本需要占用你同樣甚至更多的時間，可是現在只需要你在自己的時間價值裡拿出一小塊收益就可以買到，接下來你就可以用省下來的時間，繼續做更多的大事。

時間的馬太分配

上行這條路註定是孤獨而艱難，大多數人身邊都找不到同行的夥伴，或許只有在某些以特定目的為主的社群裡才能找到。但這未嘗不是一種幸運，若非如此，則上行的競爭勢必還要更加劇烈。

當所有人都在努力上行時，你的上行看的就不只是自己，還得克服其他人的上行速度，比他們上行得更快的部分，才能顯現上行的結果。而當所有人都在原地踏步時，雖然上行相對容易，但你需要更加堅定「決定上行」的決心，因為沒有同伴，無法從眾，你就很難確定那些額外跟上行有關的事情是不是值得做，該不該獨自堅持。

如果你已經決定要在某一條你認為可以上行的路上堅持走下去，怎樣可以讓你走得更遠一些？我有一個關於時間分配的策略——馬太分配。

時間的馬太分配是我取的名稱，靈感來自「馬太效應」。意思是當你決定努力做一件事時，如果用一個沙漏代表你要付出的全部時間，那麼你應該在前期控制這個沙漏的漏沙速度盡量快，也就是把大部分的時間都投入前期。當你確認這件事值得做，並從心底湧現了一股驅動的力量時，你就可以把漏沙的閥門擰緊一些，讓時間的分配慢下來。

很多事情本身就遵循馬太效應，例如一開始掌握一項技能的時候覺得很難，似乎只有投入沒有產出，於是就很容易放棄。此時，我們就該把時間的密度增加，例如原本每天付出兩個小時，要六個月後產出成果，那麼我們就壓縮到一個月產出成果，每天付出十二小時，因為堅持一個月比堅持六個月要容易得多。

當你真的有了某個小成果，例如利用這項技能賺了點錢，就算只有一點點，都會讓你確定這件事可行，這就是缺口，而缺口一旦打開，馬太效應就會呈洪水之勢而來。接著你會在這個領域遇到新的機會、新的合作模式、新的玩法，你的整個生活和人生軌跡都有可能因此而大大地改變。

我在大學時期做過銷售的兼職，在將近一個月都非常努力的情況下都未能開市成交，讓我不禁想放棄，人有時候怕的不是辛苦，而是不知道這條路是不是走得通。事實上我已經放棄了幾天，幾天後我決定重新振作再試試，這次運氣不錯，一週內就讓我成交了個小訂單。

這個小訂單的意義遠遠不只是那一點抽成，而是告訴我「這件事可行」，於是我繼續改進自己的銷售技巧，也有信心進行更大的投入，最終從第二個月開始，我的業績爆發了。

到了後期，我花在上面的時間愈來愈少，但銷售額卻愈來愈高，因為前期攢下的勢能和人脈，讓生意源源不斷地自動找上門來。這就是馬太效應，這也是時間的馬太分配。

如果你決定做一件新的事情，並準備長期堅持做下去，那麼最好的時間分配方式，就是大大縮短前期獲得實際回報的時間。而要達成這個目標，就要把你所有要分配的時間分割出大部分，將其全部投入到你的前期計畫中（有的人甚至可以不眠不休），務必要在最短的時間內先「打開缺口」，接著，成功的雪球就會自動滾起來。

到了後期，你付出的時間可以愈來愈少，但成就卻依然會愈來愈高，而這多出來的時間和精力，又可以讓你用同樣的方式去解鎖下一項更大的成就。

親近助力，遠離消耗

堅定「決定上行的決心」為何如此艱難？因為人需要安全感。當周圍的人都不這麼做，而只有你在這麼做的時候，你很難不懷疑是不是自己有問題。尤其是周遭的人還在以肉眼可見的速度往下拉你（例如嘲諷你）的時候，要堅定做跟大家不同的事情難如登天。

是人就有人性的弱點，例如懶或尋求安全感。其實這兩者都沒有問題，問題在於你所處的環境，對你有怎樣的擠壓效果。

二〇二〇年末，我正式設立了「上行部落」成長社群，三天共加入了幾百人，一下子就到了預訂服務的最大人數，不得不緊急封群。為什麼有這麼多人願意加入社群，自己一個人不能上行嗎？不是不能，而是因為部落裡有更適合上行的擠壓式環境，有著極其嚴苛的規則，也有精心分解過的任務，還有一起做著同樣事情的「族人」（部落裡的稱呼）——別人都行，你為什麼不行？

人人都在裡面討論優質的問題，你不管是以什麼形式參與其中，成長的速度都會很快。就像你在中國覺得學習英文很難，但在英國，你沒覺得自己有多麼努力就能學會了，這就是環境的力量。

人們做事大多是靠環境推著向前走的，如果從明天開始，公司規定上班允許隨意遲到不扣錢，做事全憑自覺，老闆也完全不審核結果，那麼公司裡大家的上班時間多半會一天晚過一天，做的事情會一天少過一天，這種往下的趨勢是可預見的。你覺得這樣的日子很舒服嗎？完全錯了，幾年後出了這家公司，你就會立刻受到這個社會的「毒打」。

一個不斷往上行的方向擠壓你的環境，例如嚴苛而有能力的主管，或者是學習時間精確的班級氛圍，可能在短期內讓你不那麼舒服，但回過頭來你會感謝那樣的環境。因為只有這樣的環境，才有可能讓你在更短的時間裡完成更多有效的事，逼著你快速上行。

我家裡也有一個健身房，但在家裡鍛鍊跟在健身房私人教練監督之下的效率，還是有很大的差別。私人教練愈是嚴厲，你練的時候愈是痛苦，離你真正的目標就愈近。

每個人都需要助力，環境的助力、人的助力、氛圍的助力、規則的助力，只有所有的助力都在朝上行的方向推你，你才有可能克服人性；相反地，如果你的身邊全是消耗你的環境、消耗你的人，你一說讀書，朋友圈的人紛紛嘲諷，你念幾句英文，張三李四都說你不倫不類，無論你準備做點什麼，親友全都不支持，這就相當於其他被正向擠壓的人坐上一班高速列車，坐地日行八百里，而你則像身上掛著大輪胎在沙灘跑步，又怎麼跟別人比上行？

有讀者問過我一個問題，說從大城市回來過年，發現家鄉的朋友跟自己已經沒有共同話題，覺得無趣又浪費時間，但礙於情面又不得不應付，畢竟失去老朋友有點可惜，這該怎麼辦？

每個人在上行的過程中都在發生變化，大家的精力都很有限，我們註定就只能把時間花在那些性價比最高的人事物上，無論它們能讓我們快樂，還是能讓我們上行。

我們可能無法選擇世界，但我們能選擇離自己最近的環境。在我們的身邊一定會有阻礙我們前行的人，雖然不必一一絕交，但我們可以選擇不與那些人為伍，不將寶貴的精力耗費在他們身上，以免受到負面的精神阻力。許多人看不得旁人進步，無論是出於「道不同」，還是出於「激發焦慮」，又或者是出於「單純嫉妒」，那些會增加阻力的人都不太可能在內心深處為我們真心鼓掌。

平凡人之所以平凡，不在於天生就只能平凡，更多的是由於他的身邊都是平凡人，而且還是不允許其他平凡人不平凡的平凡人，因此他們才會變得愈來愈平凡普通。

把時間交給最值得的人

每個人的精力都很有限，因此正確利用時間的方式，就是將時間分配至性價比最高的地方，即那些能夠讓我們快樂，或是能對上行有所助益的人事物。

雖然這樣聽起來有點功利，但事實並非如此，如果不這樣做，才真正對不起那些認同並幫助我們的人。因為我們的時間和精力總量不可增加，若給誰多一點，其他人就會少分到一點，所以理論上我們每一次把時間分給不值得或性價比更低的人事物，都是以損害我們真正想給予時間的人之利益作為代價。只要明白這點，接下來的事情就能夠順理成章。

有人非常苦惱，自認「不懂拒絕」。

其實，拒絕跟「有沒有人情味」完全不相關，這就是一個觀念問題。例如有人向你借錢，你覺得不好意思才借給對方，但是你可以思考，這筆錢是不是可以改善家人的生活條件？是不是可以陪父母走遍好山好水？是不是可以為孩子提供更好的教育？人們的「不懂拒絕」，其實是為了自己的社會安全感而拒絕了自己的配偶、孩子、父母，這並不是真正的不懂拒絕。

我們對待客戶或潛在客戶也是如此。我曾經做過銷售，拿過公司的年度銷售冠軍，拋開具體的「話術」，我非常清楚我取得成績的一個重要因素，就是不花時間在希望更小的人和事上，我全年業績的最大比重僅僅來自一兩個客戶。

我有一位朋友是做外貿出口的，他出口的產品比較冷門，因此客戶並不多，但只要有需要這類產品的客戶，能選擇的競爭對手也極少。如果你是他，每年有八個小客戶、兩個大客戶會定時向你下單，其中兩個大客戶貢獻七〇％的營收，八個小客戶貢獻二〇％的營收，新客戶貢獻一〇％，這些新客戶裡又有一〇％的機率轉化為固定小客戶，有一％的機率轉化為固定大客戶，你會如何分配你的時間和精力？我想當把數字列出來的時候，很多事情就一日了然了。

同理，拋開大客戶銷售不談，就算你是電話銷售，一天的時間能用來打五百通電話，你會如何優化你的撥打方式，以便讓沒有希望購買商品的人第一時間就掛斷你的電話，而不是跟你足足聊了兩分鐘才掛電話？大家的時間都可以打到五百通電話，看起來每個人都很努力，但能做出成績就絕不只是運氣問題，你的五百個客戶裡有四百個無效客戶，而對方可能只有一百個，你覺得在日復一日的大數法則下，誰更容易做出成績呢？

很多人只是憑感覺行事，憑感覺分配時間和精力，總是對「容易搞定」的人過於疏忽，而對「不容易搞定」的人過於在意。很多人認為，容易搞定的人已經在自己碗裡，跑不了；而不容易搞定的人則是在鍋裡，需要搶。大家都只是單純地想要更多，既忽視兩者重要性的差別，也忽視「碗裡的也會被奪走」的這個狀況。

每個做生意的人都會遇到一個選擇：究竟是花更多時間在「惡魔客戶」，試圖讓整體滿意度再提升一％，還是花更多時間在「天使客戶」，試圖讓他們對你的服務更加肯定？

我的其中一家公司旗下有多家淘寶店，我發現一個現象，不管你賣什麼，不管你賣的東西品質有多好，性價比有多高，你永遠無法讓所有人滿意，也永遠無法隔離「純粹的壞人」。什麼是純粹的壞人？例如買了你的東西後，用你的包裝裝上其他東西然後向平台投訴，說你賣假貨，並且只退款不退貨，甚至會把假貨退給你。

除了這些純粹的壞人外，還有一些滿意度門檻非常高的人，並非只是你的服務很難讓他滿意，是他對任何東西都不會太滿意。我想每個人身邊都能找出幾個這樣的人：如果他付了一百元給你，你可能得包他生老病死，還得是「豪華套餐」。

讓不認同你或者不太認同你的人認同你，是一件極其費力的事。況且就算他們因為你費盡九牛二虎之力而轉為認同你，通常也只是剛好達到認同的門檻。換句話而言，就算他們轉變對你的態度，對你的信任度往往也不足以跟你做成一筆較大金額的交易。

人的時間和精力都太寶貴了，應該盡量避免這種低效益的消耗方式。這個世界上一定有很多認同我們的人，只是出於資訊不對稱，對方還沒有接觸到我們。我們要做的就是把自己展示給更多的人，並試著為其中一部分最認同我們的人再多貢獻一些價值，讓他們對我們產生最強的黏著度，這樣就可以了。無論是對銷售還是人生，對客戶還是家人，這都是最佳做法。

觸發更高的回報門檻

把時間花在更值得的人身上，為他們提供更高價值的服務，往往能夠觸發更高的回報門檻，很多人經常只注重回報，卻不注重回報的大小；只注重認同，卻不注重認同的程度。

基於工作緣故，我接觸了一批經營自媒體的朋友，其中不乏百萬甚至千萬粉絲的頭部大號（編按：掌握巨頭資源，排名在前幾名的公眾號）。雖然他們有著幾乎相同的粉絲數量，但粉絲對他們的信任度卻截然不同。道理很簡單，如果一個人為二十個人分別提供每人十塊錢的價值，那麼當他試圖銷售一件五十塊錢的東西時，二十個人都不太容易買單。

但如果他為兩個人提供每人一百塊錢的價值，當他試圖銷售一件五十塊錢的產品時，這兩個人會搶著買單，由於他們之前所獲得的已經遠超過產品的價值，就比較不怕在購買行為上有損失的風險。當然，產品品質要有一定的水準，性價比也不錯，如此一來，這次的銷售才不會被定義為銷售，而是再一次地價值服務。若是這個產品讓客戶有「不值」的感覺，那麼這次購買行為就跟用戶本來累積的信任兩清了，下次再想為客戶提供什麼服務，就不一定有人會用絕對信任來買單了。

但如果你是前者，就算你的產品有很高的性價比，但由於單一用戶觸發回報的門檻不夠，也就沒有人願意冒險嘗試。

當我們把時間和服務花在別人身上時，一定要先想清楚，你提供的價值輸出帶給對方的收益，能夠讓對方回報多少價值的無條件信任？

如果你想做的是幾乎無須信任的小額交易，例如明星的一張照片，查看一次幾塊錢或幾十塊錢，那麼你的日常價值輸出覆蓋人數愈多，交易額就愈大。但如果你想做的是需要高度信任的高額交易，例如買賣房子、股票，那麼「價值覆蓋人數眾多」這件事，就不如「給每個人提供的價值是否都達到足以進行高額交易的信任門檻」重要。

數量和質量是兩條截然不同的路線，總有一條適合你，但重點是不能張冠李戴，相同時刻，你只能在一處積蓄力量。

拚社交還是提升能力

我們在工作和生活中，一定會遇到這個人際關係的問題：到底是該把時間用在融入各類高端的社交圈，還是將時間用在默默提升自己的能力？

很多人都曾糾結過，最後幾乎都變成「以成敗論英雄」：無論選擇哪條路，成功就說是正確選擇，失敗就說悔不該走這條路。

我們其實知道兩者都同樣重要，但這並沒有解決根本的問題，因為時間具有唯一性，分配某一邊多一點，另一邊就不得不少一點。

融入高端社交圈的好處顯而易見，既能襯托身價，又有機會受到實實在在的助力。但也有一種說法是社交圈不能強融，若是實力相去甚遠，那麼強行混進去的意義不大，不如將時間用於提升自己。

因此到底哪種說法才正確？

進入一個好的社交團體就等於找到一條上行捷徑，這是毋庸置疑的。優質的社交關係對上行有極大的助益。但卻是有前提的，有些捷徑找到了、看到了，卻不一定能摸到。眼看捷徑就在面前，卻不是誰都能走，重點在於你能用來交換的籌碼是什麼。

一個乞丐就算進入高端社交圈，也不會有任何現實意義，這個團體裡的每個人都不會因為他是成員而為他提供真正有意義的幫助。因此，某個社交團體值得你花時間的前提，是裡面有你需要的東西，同時你的手上也有他們需要的東西，在這個團體裡，這個東西只有你能提供，且價值等級跟他們所能提供的對等。

如果你暫時還沒擁有他們需要，且同時能對等交換的東西，那我建議你不要強行融入。就算費了九牛二虎之力進去，也無法得到他們能提供的交換價值，反而還得花時間和金錢去維繫這種無價值的社交關係，這會讓你們實現對等交換與進行平等對話的時間變得更久。

因此，如果特別想進入某條捷徑怎麼辦？先搞清楚裡面是什麼人，然後猜測他們的需求是什麼，再努力去得到這些東西，最後才是考慮如何進入捷徑這件事。

上行清單

- [ ] 01 時間上限不可增加，但可以從內部優化。
- [ ] 02 年輕人的焦慮，大都可以歸納為眼界窄。
- [ ] 03 大部分的人根本就沒有到「要對時間的使用做出取捨」的地步。
- [ ] 04 拖延沒問題，重點是事項安排順序。
- [ ] 05 在大事上難分高下時，細節才開始有所作用，否則連放在一起比較的機會都沒有。
- [ ] 06 花在事情初期的時間密度應該遠高於後期。
- [ ] 07 平凡人之所以平凡，是因為他們的身邊都是平凡人。
- [ ] 08 每一次把時間浪費在不值得的人、事、物上，都是以傷害你真正想花時間的人、事、物的利益作為代價。
- [ ] 09 很多人只注重回報，卻不注重回報的大小；很多人只注重認同，卻不注重認同的程度。
- [ ] 10 某個社交圈值得你花時間的前提是，其中有你需要的東西，你的手中也有他們需要的東西。

Chapter 4

社交

穿透人心的藝術

什麼是高情商？

情商這個詞經常被現代人掛在嘴邊，每個人都知道情商很重要，但大家嘴裡說的情商在我看來很多時候都不是同一件事。

有人認為能在酒桌上說幾句客套話就是情商高；有人認為會拍主管馬屁就是情商高；有人認為能夠說得別人啞口無言又不好發作就是情商高……因此，經常有人在網路上高喊某人情商高，而評論者卻在不同定義下胡亂爭論一通。

高情商的具體表現有很多，一一列舉沒有意義，根本列舉不完。在我的觀念裡，情商指的是兩種能力，一種是**識別對方情緒的能力**，另一種是**控制自己情緒的能力**。

識別對方情緒，是能夠識別對方在語言或行為背後的真實感受；而控制自己情緒，則是能夠按照最佳利益理性展現自己的情緒，而且這種情緒能夠全盤被對方接納，使對方無法讀出目的情緒以外的意思，這其中還包括刻意露出破綻讓對方識別自己的隱藏情緒。

真正的高情商的人並不總是讓人如沐春風，而是只有在他們希望你如此識別的時候，你才能感到舒服，精準識別和控制情緒的人，不代表是老好人，這是很多人容易混淆的部分。

另一個容易混淆的是，不少人認為針鋒相對又體面贏得「口舌之爭」是高情商的表現，因為既不吃虧又落落大方。其實並不一定，如果你還要跟對方維持關係，這種「贏得表面，讓他人吃悶虧」的做法是下下策，吃虧就是吃虧，對方是否當場發作跟心裡是否記恨是兩回事。

當下的情商是為未來的可能性服務，而不只是對方在此時此刻的即時反應。一個人情商的高低，往往跟兩件事有關：注意力與同理心。

使用多少注意力

人對於自己不在意的人和事，並沒有什麼情商可言。不管是探測他人還是控制自己，情商本質上都是一種「刻意為之」，如果注意力不夠，就不可能做出所謂有情商的行為。

例如，你可能由於當下心裡煩躁，因此在不經意間傷害到家人。煩躁，就沒有足夠的注意力去關注家人的情緒和隱藏自己的情緒；但你面對老闆，無論多麼煩躁，也會集中自己的注意力，因為注意力不足，會有很大的負面影響。

因此，如果你覺得某人情商低，不一定是他的情商真的低，也有可能是在你見到的場景中，他不願意對某些人付出更多的注意力而已。

有沒有同理心

如果是在注意力相同的狀況下，情商就跟一個人的同理心有關。

同理心，指的是啟動鏡像神經元作用，別人做了什麼行為，你可以透過微小的模仿或大腦裡的模擬，先讓自己產生一種情緒，然後再推測到別人現在是什麼情緒，你用於模仿的參數輸入愈準確，你的情緒鏡像反射就愈精確，同理心就愈強。

因此，如果想提升自己的情商，就得不斷地接觸形形色色的人，還得主動而頻繁地啟動鏡像神經元，練習、回饋、再練習……這些過程可以幫助我們更精準地捕捉不同人的情緒細節，也能讓我們在一次又一次的「戰鬥」中遊刃有餘地隱藏自己想要隱藏的細節，避開對方對我們的情緒捕捉。

一個高情商的人，即使是初次接觸眼前的人和事，只要他想達成情商方面的訴求，往往就能達成。一個人若是擁有高情商，就必定經歷過無數的「戰鬥」，面對任何情況都能表現得很好。

反之，平常不在意培養同理心的人，無論遇到熟人還是陌生人都只顧自己的情緒，還常常將之美化為「個性直」，這種人通常不能被分派與人打交道的大事，因為他們疏於練習，能力就擺在這裡，就算他們用上全部的注意力也無濟於事。

在別人眼裡，你是什麼？

與人相處是一門學問，也是一門藝術，因為人是一台時常不理性、受預期和定錨效應影響、容易被控制又不自知、既高明又愚蠢的機器。

而更為藝術的是，不僅別人是這樣，連你自己也是這樣，於是原本就不容易捉摸的變數就又多了一個。在這樣的混沌中，不可能歸結出某種人際相處的必勝法則，只能做特定情況的具體分析。

在我很小的時候，就發現同學之間有一個差異現象：不同的人說同樣的話，最終可以有截然不同效果。

千萬不要小看這種差別，這就是人際關係的核心：在別人眼裡，你是什麼。每個人都有自己的人設，就是你在別人眼裡的形象：高冷還是熱心？懦弱還是勇敢？刻板還是靈活？界限分明還是大剌剌？好相處還是易怒……

在別人對你形成一種印象之後，就對你產生某種預期。當你的行為反應優於預期，對方就高興；而當你的行為反應不如預期，對方就不舒服。舉個例子，一個原本預期不會幫你說話的人，突然開口幫你說話，你是不是特別感動？如果是你的好朋友幫你說話，雖然你也會感動，但不會那麼感動。

再舉個例子，當你不小心把咖啡灑到同事新買的衣服，如果你預期這位同事很暴躁，相信對方還沒說什麼，你就已經恨不得賠一件衣服給對方了。但如果你預期這位同事很好說話，那麼你頂多說句「抱歉」，若是對方多埋怨兩句，恐怕你還會不高興，覺得對方為了點小事就沒完沒了。

我們再把這個例子反過來，一個平時性情暴躁和一個向來很好說話的同事分別將咖啡灑在你新買的衣服，兩個人都對你和顏悅色地道歉，你心裡的感受絕對不一樣。對於好說話的同事，你會覺得道歉是應該的，而對於暴躁的同事，你則容易產生一種受寵若驚的感覺，畢竟他這樣的人放低身段道歉已經難能可貴，我若不表現出大度就看起來有些「不知好歹」了。

因此，如果你希望別人能夠對你多一些尊重，必須在一開始就把自己的喜好和跟你相處的規則展示給大家。除非關係重大利益，否則這種喜好和規則最好盡量真實、容易維護，不需要大幅犧牲自己的心理收益去「扮演」。

如果你跟朋友相處，始終給人很有原則的感覺，該優先照顧自己利益就優先照顧，只有在確定是舉手之勞的時候才接受他人請託，而平常請人幫忙也都給足回報，不占人便宜也不被占便宜。那麼某些界限感不明確的朋友，就算有雞毛蒜皮的小事拜託也不會找上你，而當你偶爾稍稍放下利益幫助別人的時候，對方對你的評價就會特別好。

這就是人設上的期待管理，我不幫你們是本分，大家都要有這樣的預期，這樣當我幫你們的時候，才會變成情分。

而有些人則相反，剛認識時讓人感覺特別好相處又熱心，看起來情商很高的樣子，但愈是相處到後面，朋友就愈少。因為他一開始願意做的事並非出於真心，而是由於彼此不夠熟悉，出於社交安全感，所以才多做讓步。在熟悉之後，出於本性開始更關注自身的需求，然而大家一開始就抱持高預期，於是就會漸漸感到失望，導致朋友愈來愈少。

這種「假高情商」的人在現實中非常多，當他們進入新環境時，很容易自我感覺良好，在短期內自認為受人歡迎、融入也快，但從長期來看，這樣的策略完全錯誤。

如何成為可靠的人？

如果你不是差勁到無可救藥，你的朋友裡一定至少有一個這樣的人：只要把事情交給他，你就放心。即使最後也不一定能達標完成，但只要他接手，至少這段時間你就可以安心地放下這件事。

我們都喜歡跟這樣的人做朋友，但很少有人想過自己成為這樣的人，讓別人更願意和自己結交，更願意與自己合作。

這樣的人或許可以用兩個字來形容：可靠。一個可靠的朋友不一定是你關係最好的朋友，但當事情涉及的利益重大，你第一個想到的就會是他，因為感情好不代表能把事情做好。反過來想，如果你是別人心目中可靠的人，也一定能獲得比其他人更多的機會。

那麼「可靠」這種特質該如何養成？我認為主要有兩點。

不給過度預期

所有事情能就是能，不能就是不能，試試就是試試，界限分明。有重要機會的時候，不必過於謙遜，但若是受人之託，就不能因為想讓別人認為自己很厲害，於是先享受一波情緒上的優越感，進而給予他人過度的預期。

我經朋友介紹認識了一個人，他給我的永遠是過度預期。我曾信任過他兩次，但最後幾乎沒有一件是真正成事的，當然我那兩次投入為數不小的資金也都打了水漂，後來這個人我就避而不見了。

如果一個人給你的是正確的預期，例如某件事不一定能做好、某個機會不一定能賺到錢、自己跟某個關鍵人並沒有那麼熟識等等，那麼就算虧損也好，沒成也罷，最多只是預期是否兌現的問題。

因此，別人判斷你是否可靠的重點在哪裡？不是最終的結果如何，而是結果是在預期之上還是預期之下。

讓對方獲得掌控感

當你跟人合作時，希望對方信任你、對你放心，你就得確保事情始終在對方的掌控之中。

有員工抱怨老闆不肯放手，其實原因通常只有一個，那就是老闆認為員工不足以讓自己放心。作為員工，在接下目標任務之後，即使有一定的自主處理權限，但必須確保老闆始終能掌控整件事的全貌和完整進度。

與同事協作、受朋友之託也是如此，如實並即時地同步進度，能讓對方有即時而正確的預期。你是否曾經被人帶去一個陌生的地方？你完全不知道目的地何在，對方也沒有告訴你，當車子開了半小時後，你內心焦急得不得了，因為你不知道還需要多久，你在心裡不停地叨念「怎麼那麼遠」，其實再過五分鐘就到了。但若是你去過一次，第二次就完全不會有這樣的感受，因為不管當下在哪條路上，你都清楚地知道還有多久能到，你知道目標並不遠。

這就是有「掌控感」和沒有「掌控感」的差別，職場上經典的好習慣「件件有著落、事事有回音」這樣的「術」，也是從讓對方有掌控感的底層邏輯中脫胎而來。

一個可靠的人，時時都能給予對方掌控感，讓對方可以根據現在的進度，從容不迫地安排自己的下一步行動。

我常跟員工說，當同事有事找你時，無論你現在空不空，就算週末你正在逛街，手邊沒有電腦無法處理，也必須在收到訊息時立即告知情況，並附上「需要多久可以開始」以及「從開始到完成需要多久」，能夠繼續逛街，但一定要把掌控感給予對方，不能因為當下很難完成或當下不好回答就當沒看到。

置之不理的壞處是對方並不知道你是否收到訊息或已經開始，也不知道何時能收到你的進度回饋，於是他就無法進行下一步的行動判斷，到底是根據事情的緊急程度另尋他人，還是再等等。無法給予掌控感的人就會被認為「不可靠」，必定是合作中不受歡迎的一方，也會在自己不知情的狀況下失去很多機會。從長遠來看，一個人有沒有成功的機會，雖然跟運氣有關，但往往跟自己的關係更大。

可靠是一種整體氣質，它藏在可靠的人自己都不一定能注意到的習慣之中。你能說出朋友中誰比較可靠，但你不一定說得出他在什麼事情上讓你覺得很可靠。人們會忘記你說過的話，會忘記你做過的事，但不會忘記對你的整體感受，這種感受，是在一次次的交互中匯聚而成，你做事的習慣，最終會匯聚成一股氣質，影響到你能獲得的機會和未來的軌跡。

三招破除社交心理障礙

很多人對社交有種矛盾的心態：既想窺探社交的奧祕，又覺得自己天生不是這塊料，了解也不一定有用，自覺個性內向，根本不敢邁出社交的第一步。

不用懷疑，這個世界上就是有人善於社交，有人不善於社交，每個人的個性即便沒有絕對的外向和內向之分，但一定有不同程度的偏向。沒有誰必須依靠特別高超的社交技巧才能上行，只不過我們要了解自己，順著自己的性格做事，事半功倍；而逆著自己的性格做事，不是做不好，就是事倍功半。

我跟很多人一樣，對社交有一定程度的抗拒，也曾對社交感到苦惱，很少願意主動接觸陌生或半生不熟的人，因為這會讓我顯得對別人有企圖，而我的自尊又強烈地阻止我的「熱臉」去貼別人可能會出現的「冷屁股」。

在嘗試過很多方法之後，我發現有三招最適合像我這樣的人，或許也適合正在閱讀的你。

第一招：**主動吸引**。

這確實是社交恐懼者的福音，因為只需要不斷增加自己的吸引力，然後坐等其他人來主動社交即可，大部分的時間裡，我就是這麼做。

但是這招一旦遇上你真正想主動社交的人就失靈了，你拚命地希望那個人能看你一眼，但任憑你花枝招展，對方就是看不到你，此時你只能自我安慰「不跟他社交也不會如何」或者「等我更厲害了讓他高攀不起」，諸如此類，其實只是給自己的社交恐懼一個下台階。

於是我試了第二招：**朋友介紹**。

這個方法也很實用，只要遇到想社交的陌生人或半生不熟的人，先找到一個共同朋友，拉個群或組個局互相認識一下，就能大大緩衝社交壓力，畢竟有朋友作為中間媒介在場，無論雙方的社會地位相差多遠，至少表面能關係融洽。

初步認識之後，就需要靠自己來維持，此時很多人就很為難，吃過一次飯，也加了好友，照理也算臉熟了，但要如何聯繫維持呢？你會發現，跟不熟的人就算在某個場合認識了，你們也還是不熟，由於中間的朋友跟你們分別都有共同的經歷，但你們彼此之間並沒有，因此朋友一旦不在場，就瞬間再度陷入社交冰點之中。

此時就該使用第三招了：**主動提供價值**。

當你想主動社交時，心理障礙是「不想讓別人覺得自己有企圖」。主動社交就跟表白一樣，有一定的失敗機率，這有可能傷害到你的自尊。

但你事實上就是有企圖，否則為什麼要主動社交，為什麼對象是這個人而不是那個人呢？因此，其實你明知道自己的企圖，卻在腦中試圖淡化這件事或這個目的，但是大腦又沒那麼好糊弄，於是就產生了恐懼，你只是怕別人察覺到你的企圖。因此，你必須改變這種零成本「空手套白狼」的行為，主動向對方提供價值。

當你經過事先研究，確定能夠幫助對方解決一個令他困擾的問題時，你就不會那麼不好意思。由於你能先讓對方受益，就算接下來的社交價值互換主動權掌握在對方手裡，你也不會落入「白占對方便宜」的低評價之中。

而一旦有過一次或多次的利益互換，你們就不再是「隔著一層」的朋友，後續關係經營就會自然得多。

維護你的超級節點

以上是提供不擅社交但又需要社交的人一些小方法。可能有人會說，如果我就是無法在社交上付出太多努力，社交對我會造成極大的生理不適，有沒有更簡單的方法，能讓我以最小的成本獲得最大的社交利益？

再怎麼羞於社交的人，身邊也總有幾個好朋友。你看一下在這幾個好朋友裡，有沒有這樣一個人，不管你發生什麼事情，只要找他，他就能幫你找到能幫助你的人？有沒有這樣的朋友，對一個社交範圍小的人而言，是有天壤之別的，因為一個這樣的好朋友，能夠幫助你解決大半的社交問題。這樣的人，我把他稱為「超級節點」。超級節點，顧名思義，就是以這個人為中心，能夠輻射到無數的普通節點，他和其他節點的連結遠比其他節點之間的連結要多。

我們都知道六度分隔理論，指的是透過不超過六個人的關係連結，你可以認識全世界任何人，而隨著網路世界的不斷發展，這個社交關係或許已經到了五度或更少。如果此時你切換到上帝視角，能清楚地看到自己認識每一個人經過的節點路線，你會吃驚地發現，其實大部分路線的發起端都是少數那幾個人。

我身邊就有幾個這樣的人，無論是我在創業遇到人脈資源的問題，還是日常辦事中需要找個高等級的關鍵人，他們總是至少有一個人能幫我對接上，甚至我還沒親自拜訪，對方就直接幫我解決了問題。

有一年，我的一家新公司剛開始建立團隊，有一個部門的專業人員特別缺，於是不得已麻煩其中一位朋友，結果這位朋友一個人串起一長串，直接把整個團隊人員都配齊了。

這種人就是超級節點，如果你不是一個能在社交網路游刃有餘的人，或者你不是一個享受社交過程的人，而是一個專注提升自我產出更大價值的人，那麼你至少得認識幾個這樣的人，並好好維護跟他們的關係，這些人都是社交高手，他們自帶了很強的社交屬性，通常很好維護，只要你自身的社會價值保持在一定水準，跟他們相處時，社交能力稍差也問題不大。但如果你連這樣的超級節點都不願維護，那就一定會在社交上大大吃虧，你的自身價值就算再高也會大打折扣。人畢竟是社會性動物，不是任何事情都能用市場規則解決。

當然，我們的首選是自己成為這樣的超級節點，可是每個人都有自己獨特的性格特點，也有自己的最佳發展路徑，並不是誰都適合這樣的角色，因此對於那些像我一樣不適合成為超級節點的人而言，將百分之八十的社交精力放在維護極少數的超級節點，是最便捷也是最不讓社交弱點成為阻礙我們上行的方法。

對「他人」的正確期待

有些人能在社交過程中給人如沐春風的感覺，如果一件事只跟你自己有關，在他們面前，你可以自在地做出自己想做的決定，他們只給建議，就算你最後並不採納，他們也會支持；但有些人則使人「壓力山大」，好像如果你不照他們的「規定動作」進行，就傷害了雙方關係，甚至會被視為背叛。

第二種人有一種非常典型的共同特性，當他們在付出的時候，總是很把自己當回事，期待著未來能換回些什麼。而正是由於這種期待，導致他們喜歡基於自己的付出而對他人的行為指手畫腳。

就像很多父母跟孩子，雖然父母犧牲自己的利益，將最好的菜端到孩子面前，但免不了提一句「這部分的蝦肉最好，都給你」。這一句點出了他們的不甘與不捨，同時也造成接受者的心理壓力。

這個世上沒什麼東西能夠憑空消失，如果看似消失，就一定是轉換成其他形式。父母的這種不甘與不捨，會累積在他們的潛意識裡，等到孩子長大成人，就開始無法自制地轉換成對孩子人生的掌控——我的犧牲那麼多，你怎麼能不照我的規定動作呢？當然是以愛的名義。

朋友、伴侶之間的相處也是同樣的道理，凡是讓人感到「壓力山大」的相處模式，大多跟社交過程中對他人的錯誤期待有關。

曾經有位讀者對我說她事事都把她的某位朋友放在第一位，但這位朋友對她卻並非如此，為什麼她不能得到同樣的對待？她想封鎖她的朋友。

我問她：「有沒有什麼人總是把你放在第一位？」她說：「應該有。」

我說：「那你把你的這位朋友放在第一位，別人該不該封鎖你呢？」

我相信她從來沒有站在同樣角度想過這個簡單的問題，因為一旦想過這個問題的人，都會明白人與人之間的重要性排序，是永遠不可能完全對等。就像我們剛剛說的超級節點，你將超級節點排到你朋友中的第一位是正確的，但若是按照對等原則，他就該把你排到第一位。如果一旦不對等就會令人不快，那麼他將你排第一位就會引發「其他的你」不快，因此他就無法成為超級節點，這就跟「你應該基於他是超級節點而將他排在第一位」有了邏輯上的矛盾。

付出有沒有回報，是一個時機和機率的問題。若是你獲得機率，其實就已經得到回報。譬如你幫朋友解決問題，如果他在某個合適的時機有可能會幫助你，那麼無論這個條件是否實際出現、幫助是否實際發生，你上一次的付出都已經得到回報。

不要期待別人會對我們有多大的善意，更不要期待別人會做我們想像中的規定動作，因為你的期待或多或少會表現在你的表情、言語和細微的行為暗示中，進而造成對方壓力，這樣會影響你的社交關係。

我們必須清楚，社交是人生的加速器，而不是救命丸。每個人在遇到困難時，都不要期望依靠社交去解決問題，能解決問題的一定是自己。別人幫忙，那是自己擁有的交易價值夠高所致。愈是強者，愈是不期待別人幫忙，但主動幫忙的人愈多；愈是弱者，愈是期待別人伸出援手，愈是連被動幫忙的人都沒有。

付出就是付出本身，不要試圖與別人進行規定動作的交換，由弱變強一定是先靠自己，然後社交才能發揮作用。

趨勢比實力更重要

很多人在社交中會犯相同的錯誤，那就是喜歡在一開始就秀肌肉，將自己所有的光芒在最短的時間裡展現出來，只為能夠在短期內讓對方另眼相看，期待獲得最好的短期交易，或得到一種倍受尊重的心理回報。

這種策略是人性使然，而且只在短期往來有用。如果是長期往來的對象，你就會發現隨著了解愈深入，他們不是愈來愈厲害，而是愈來愈不厲害。這不是說對方所展示的東西真的愈來愈不厲害，而是我們判斷他人的趨勢發生了變化。

人在判斷一件事的時候，判斷的往往是趨勢。當一輛車向我們衝過來時，就算距離還很遠，我們也會感到害怕；但當一輛車剛剛啟動正離我們緩慢遠去時，即便當下貼得很近，我們也感到安全。股市正在上漲，就算我們仍舊虧損，也心裡踏實；股市正在下跌，即便我們還盈利，也寢食難安。

當我們看待一個孩子，如果孩子三歲時就會一百以內的加減法，我們會覺得這孩子很厲害。這並非是一百以內的加減法就很厲害，而是三歲就會，我們會將這種趨勢推演到八歲小學畢業，十三歲上大學。當我們發現一位同事，雖然才跟我們相處了一個月，但每天都能表演一個小魔術逗大家開心，我們就覺得他特別厲害，因為我們已經自動推演到他一年能表演三百六十五個魔術。

人們判斷事物常用的就是這樣的方式。但事實上，三歲會一百以內的加減法，不一定到求學階段就能考第一，也不代表就做得出數學應用題；而一個月每天表演一個魔術不重覆，不代表一年就能表演三百六十五個，很可能他就只會三十個。

人們過於喜歡用趨勢和平均值去衡量事物，而不是絕對值。舉個例子，如果這本書共二十頁，每頁都是經典中的經典，知識密度高到你前所未見，那麼這本書的評分就可能是九．九分。但如果這本書變成了一千頁，售價不變，即使後面的知識密度也很高，只是不如前面二十頁那麼高，那這本書的評分就可能是八．五分。

這是為什麼？明明厚的書籍提供更多的內容，能讓大家以同樣的價格學到更多的知識，為什麼評分反而變低？人的大腦多數時候只以感覺來判斷人事物。

因此，我們在社交中展現價值是正常而且必要的，但是絕對不能讓人在一開始就有「你無法持續上升」的預期。而是得讓對方不斷有機會發現你有更令人驚喜之處，這樣對方才可能順著這個趨勢繼續往下推演，認為你身上必定還有其他了不得的東西，如果你前面展現的價值和實力是層層遞進，對方推演的往往會比你實力所在的層次還要高。

很多人都不曾發現：人是靠感受判斷世界的動物，但人的感受往往不是當下的感受，而是根據趨勢推演後的未來映射回當下的感受。一個眼看坐吃山空的人，就算仍擁有萬貫家財，當下也會終日焦慮；一個每一天都比前一天好的人，就算目前仍身無分文，當下仍會樂觀向上。

管理好你在別人眼中的趨勢，就等於管理好別人對你的價值判斷。而那些快速上行的人，則還有「第二次社交生命」，他們可以在偶爾沒能管理好的時候，透過快速上行延續自己在別人心目中的趨勢。

如何結交更有實力的人？

有人說一個人的收入大約等於他最親密的六個朋友的平均收入，我們暫不考量這種說法的科學性（這種說法很可能並不科學，只是讓某個道理簡單易懂罷了），但每個人應該都希望能夠升級朋友圈。我們不必功利地換掉那些為我們帶來情緒收益的好朋友，但或多或少都會希望自己能同時擁有幾個具備更大現實能量的朋友，即使不能為事業帶來即時助力，至少也能讓自己更有安全感。

但有人會覺得自身的段位不夠，擔心結交這些人就沒有用。其實這是正確的，提升自身段位當然是一等一的大事，一個自身不到二十分價值水準的人，刻意結交一百分價值水準的人，就是浪費時間，畢竟要讓一百分價值水準的人看得上，至少也得有九十分的價值水準才行。但換個角度看，如果你會使用一些方法，願意付出一些成本，只要能達到九十分價值水準就足夠結交一百分價值水準的人了，而不是必須自己先嚴格達到一百分價值水準才行。

而你在對方的幫助下，從九十分價值水準到一百分價值水準的時間可能會大大縮短，因此提升自己是結交有實力的人物最重要的前提，而「學會結交更有實力的人」

則是在這個前提下的重要技能。

想要結交比自己更有實力的人，首先在心態上要過兩關。

認知關

你必須真正認為結交這個人對你有極大助益，而非「得之我幸，失之我命」。如果是後者，你就一定結交不到這個人，就算結交到也不可能深入，因為你已經提前為自己找好理由，因此必然不會為此付出過多成本。

抗壓關

劉備三顧茅廬的真正厲害之處並不在於「三顧」，我相信如果在知道結果的前提下回到過去，你鐵定能恭恭敬敬地請上三十次。我認為，三顧茅廬的厲害之處在於不知道「三顧」是否能成功，劉備依然堅持去請諸葛亮出山，這就是很多人做不到的地方。大多數人連堅持讀書或堅持下班後充電都做不到，當結果確定的時候，堅持是再容易不過的事，但一旦結果不確定，人們往往連一秒鐘都不願意付出。

如果你告訴一位電話行銷，每打一千通電話，就確定能有一萬元人民幣的報酬，那麼他即使每通電話都被客戶拒絕，他心裡都會是高興的，因為每一通電話的價值都已被量化。但如果不能確定，即便大數據表示在打過一千通電話後能有一萬元人民幣的報酬，他也一樣會洩氣——誰知道會不會輪到我呢？

結交更有實力的人，本就是你占便宜的事情，而對方的態度不如你熱情，結交意願不如你強，也是理所當然，因此一定要有抗壓能力。

如果你過了這兩關，接下來我們就可以涉及具體的方法論了。我們先將「更有實力」分為兩類：一類是比你稍有實力，例如財富比你多幾倍，社會影響力比你高一到二級的；另一類是比你能量大得多，例如財富多你幾十倍，社會影響力比你高三級、四級乃至更多級。跟比你稍有實力的人結交，要遵循以下三點：

從朋友引薦開始

最好從朋友引薦開始，主動介紹自己，能一起達成某個小合作為最佳，多小都無所謂，這樣往往直接就能結交。比你實力稍強的人通常不會拒你於千里之外，朋友引薦更保險一些，而有合作打底則關係能更持久一些。

大方

無論是一起吃飯還是一起參與的其他活動必須由你買單，共同合作也得你付出更多但收益對等或拿取更少。你可能會問「憑什麼」？憑對方的合作選項比你多。如果你想跟他建立長久的關係，這就是投名狀，獲得對方認同的方式。此外，跟比你高能量的人合作，在小處吃虧愈多，獲得的人情個數就愈多，而從人情轉換成大收益，比靠對等利益疊加快得多。

付費

付費是最直接表示誠意的方式。如果對方有收費方案，在你個人可承受的範圍內，直接付費，效果會比你送東西來得好，即便開銷與送禮成本相同。

付費，是對價值的一種認同。如果一個人想結識你，你認為他也需要你提供的收費方案，但他卻不願意付費，你會覺得他是真的認同你還是只想從你身上得到好處呢？像我這樣的輕微社交抗拒者很難接受直接上去跟人打交道，就用這個方式結識不少想認識的人，當然別忘了前提，你自己也得行，否則你們很難有真正意義上的合作。

以上三個要點，在結交比你稍有實力的對象上，差不多就夠用了，由於他們本身也希望多結識跟他們能量等級相仿的人，但若是要結交能量比你強大很多的對象就不一樣了，因為他們幾乎不會有任何認識你的需求。

所有你能提供的價值，他們大多能找到跟你同領域但比你更高段位的人為他們提供。你的大方是必須的，但人家根本不稀罕，就算明知道有便宜可占也看不上，因此這裡的三個要點就得做調整。

不主動打擾

如果你因為機緣巧合認識了一位大人物，最差的做法是上來就求合作，或者各種打擾，例如有什麼小問題都想著去麻煩對方。高射炮不是用來打蚊子的，如果很小的事情你都搞不定，只能暴露你自己的層次和能力。

很多人喜歡說「人脈是麻煩出來的」。但這句話僅限於同等級或幾乎同等級的人，因為你們的時間價值差不多，所以互相麻煩可以增進感情。如果你們的等級相差過大，就算彼此都為對方做了一件價值對等的事，花費時間也相同，但你的機會時間成本是一萬，而他可能是一百萬，怎麼可能對等呢？

如果你不希望對方以最快速度把你刪除或屏蔽，就介紹完自己後安安靜靜躺著，靜待時機。過年簡訊之類的統統不要發，統一格式群發就更是反面教材，千萬別犯低級錯誤。

關注他的一舉一動，但不輕舉妄動，一旦找到能幫忙的機會就得以比別人更快的速度將「皇榜」揭下來。

雖然不能打擾，但可以關注對方、置頂對方，給對方的社群媒體轉評讚，例如在朋友圈或其他社群媒體上認真互動都是很好的。而且只要認真觀察，就有可能知道他正在做的事，猜測到他想要達成的目標，以及有可能正在煩惱的事。

我跟一位當年比我高好幾個能量等級的朋友結識就是如此，我幾乎沒有和他私聊過，只是在社群媒體上互動。後來他在社群媒體上拍賣一次與他共同用餐的機會，價格六位數人民幣，剛發出兩分鐘我就直接拍下了，我想當時的他或許還需要看聊天記錄才能想得起我是誰。

像他這樣的人，拍賣共同用餐機會，更多的目的一定是用門檻來篩選朋友、合作夥伴，以及用門檻來自證價值。所以，當他真的達到目的，將人篩選出來，對方也證明價值之後，收錢反而是不好意思的事。果然，那一年我得自他給的機會和價值遠超過這個數字，因為他是絕對不願意讓我產生「不值票價」的感受。

之後，我們建立了非常好的友誼，直到現在，他也是我最重要的超級節點之一。

專注

如果說實力比你稍強的合作對象愈多愈好，那麼超強實力的合作對象就不是這樣了。對於實力比你稍強的合作對象，你還能跟對方在某些層面上互惠，因此你並不需要付出太多的精力去關注。但在超強實力的人面前，由於你能得到的潛在收益太多，可能隨意給你一個機會，就能讓你直接超越比你稍有實力的人，因此你要花費更多的心思，這時候「廣撒網」或者「分散投資」就不是好策略。

你在十個大人物身上一起下功夫，往往什麼都得不到，因為你花在每個人身上的只是十分之一，他們每個人身邊都必定圍了一群比你下更多功夫的人。你只能透過認真篩選，選出一兩個你認為能真正幫上你、也最有幫人意願的，把精力都花下去，才有可能吸引到對方的注意。

以跟前面提到的這位朋友的結識為例，互加聯繫方式並不等於結識，你必須要創造你為他認真提供服務、解決麻煩的機會，這就是結識的機緣。而這種機緣往往轉瞬即逝，因為當別人也看到時，你能提供的價值往往不是最高，所以你只能快，快就得專注，若是同時關注很多人就無法做到。

那麼在十個人裡面選定一兩個時，有沒有什麼選擇的依據呢？你可以綜合兩點。

第一點，是最容易的。

例如，他是你父母小時候的朋友或遠房親戚，或是他對你已經有還不錯的印象，這些就屬於比較容易建立關係的。就像鑽一口油井，本身就離出油不遠了，就先把這裡的油鑽出來再去找下一口，千萬別浪費資源。

第二點，是舉手之勞就能讓你上一個台階的。

如果難易程度差別不大，就得根據你自身的能力去選擇。你在某個領域本身就很有能力，只是還欠缺機會，就選擇能在那個領域直接幫上你的人。因為大人物幫人並不隨意，也會根據你的自身素質衡量幫你的難易程度，來決定要不要跟你建立關係。

例如，對方是一位知名導演，而你是一個演技不錯、自身條件也不錯，只欠一次機會的新演員，那麼幫你的人情最大，也比較容易達成。但如果你根本沒演過戲，要在你擅長的領域幫你更上一層樓，得麻煩導演自己的朋友，那麼他就很可能選擇跟另一位和你差不多但更容易使得上力的小朋友結識。

以上都是具體的關於結交的方法。面對能量大過你的人，重點在於如何把握最適當的時機，用什麼樣的方式，主動及時地獻上你的獨特價值。不過，萬變不離其宗，究其根本，還是回歸社交最初的本質：管理好自己、管理好他人。

這兩句話可以這樣理解：先管理好自己，才能管理好他人。也可以這樣理解：從管理好他人的角度，可以反推該如何管理好自己。還可以這樣理解：管理好自己，能讓管理好他人的難度降低。而管理好他人，則能讓管理好自己輕鬆很多。

社交的人情帳怎麼算才對？

從結識實力「稍強於我們」和「遠勝於我們」的人，其中不同的方法來看，不難看出兩點：首先是在社交中，能量較小的一方必定要付出更多；其次是能量差距愈大，要付出的時間往往更長，也需要更專注。

此時作為能量較小的一方，最好的結果就是不讓對方直接等價回報，畢竟自己能提供的價值往往有限，因此等價回報並不值錢，這裡真正需要的是機會，有可能讓自己的生活徹底提升一級的機會。

因此，對於能量較小的一方而言，最好的結果就是把人情按「個」結算，因為「個」足夠模糊，出去一個小的，就可能回來一個大的。

但要注意，要算得上「個」的門檻，也得分對象。如果對方是一個小店主，你在社區群裡呼籲大家去小店買東西或許就算得上「一個」了，但如果對方是個大企業家，連鎖店開了五十多家，你這麼做就算不上「一個」了，這麼小的事情想讓對方對你有印象，進而還你「一個」人情，是不可能的，你必須得努力做一件至少對對方的級別來說算得上「一個」人情的事情才行，其他的都只是順手幫忙。

而對於實力比你強的人而言，對方最希望的就是能跟你等價交換。如果你送上的土特產根本不值錢，他隨手扔掉的零錢就能買一筐，為什麼他非得欠你不可量化的人情呢？

你會發現那些實力愈強的人，愈有一個習慣：面對實力比他們弱的人所提供的幫助，除非根本不在意，但若他認為算得上「一個」人情，就喜歡馬上主動帶給你什麼，當場就把你的人情等價掉，不讓你有折算的機會。這些人看起來非常懂禮數，其實是精明，而且這也代表他們還沒有打算真正信任你，不願意跟你交換不可量化的東西。

此時你就得明白，無論是提升自己的等級，還是在對對方的關注和誠意上，你仍需繼續努力，千萬不可因對方的回饋而沾沾自喜。只有當對方收下你算得上「一個」的人情，並且沒有按市場價即時回報給你「一個」人情，你才能算完成取得信任的第一步。

而若是對方真的還你一個大的人情，也千萬不要以金錢回報，只有能量自上而下才有資格以金錢回報，若是能量自下而上，則始終要用人情。你可以支援對方的專案，也可以拿穩賺不賠的買賣便宜對方，即便最後付出的成本一致，也不能明擺著以對方應得報酬的金錢來回報對方，否則好不容易建立的情感關係就會變質。

以上是我們處於能量低位的情況。若是我們處於能量高位，該如何應對別人對我們的「用心良苦」，只要將自己反向代入前面所提的「對方心態」中即可。

如何放下「拒絕＝絕交」的執念？

時間要盡量留給更值得的人，花時間社交換取愉悅感受和花時間社交達成價值交換當然也是，不值得的人事物，該怎麼拒絕就怎麼拒絕。然而在人情氛圍濃厚的地方，拒絕永遠是人際交往的一大難題。不當一個「老好人」似乎總是有不安全感，畢竟很多人在人際關係中想得永遠是「若是得罪對方，萬一遭人記恨或有需求時得不到幫助怎麼辦」。

要放下這種對社會安全感的無底限執念，你需要先明白兩件事：

第一，不管你拒不拒絕，你得到幫助的最大因素都不是你曾經幫助對方。

在拙著《你懂這麼多道理，為什麼過不好這一生？》裡，我最早提出了「資產性人緣」和「勞動性人緣」的概念，即如果一個人只能靠不斷為他人提供貢獻來維持他人有可能給予自己優待的可能性，這樣累積起來的人緣就是勞動性人緣，是非常脆弱的，一旦不繼續提供價值，前面所有的貢獻將全部白費。

但如果一個人本身擁有巨大的社會價值，能提供的潛在價值非常大，那麼他不提供價值也能得到很多別人主動提供的價值。

這表示，一個人對他人的價值一定在未來，而不是過去。如果你想得到對方的幫助，最大的考量因素是你在未來對對方是否可能有價值，以及有多少價值。在這個前提之下，才是你過去為對方提供過多少價值。

最明顯的例子，就是當曾經培養你但已退休的師父和現在的大老闆同時讓你做一件利益互相衝突的事情，你會選擇幫誰？一個代表過去，一個代表未來。

因此，拒絕對方並不意味對方就會翻臉或者不與你往來，只要你保有和精進自身價值，你未來的潛在可提供價值就不會掉價，拒絕並不影響什麼。

第二，對拒絕感到憤怒不一定源於拒絕本身。

很多人有一種誤解，似乎一旦拒絕他人，就會引起對方的憤怒。其實不然，我拒絕過很多朋友的各種請求，但對方並不會憤怒。原因除了我們剛剛說的「未來潛在價值」以外，還有一個，那就是我對自己的原則從不例外。

如果你是一個有原則的人，能妥協的盡量為朋友妥協，觸及原則不能妥協的就對所有人一視同仁，那麼只要跟你相處過的人自然就會慢慢懂得你的規則，當你拒絕的時候，他們就明白這件事在你的原則裡是必須這樣處理的，於是他們便不會感到憤怒。

人們對你的拒絕感到憤怒，大都來自你在人設上的反覆無常。例如，你原本是個「樂善好施」的人，突然被發現之前是假裝的，而由於大家對你的預期已經提高，因此就會感到憤怒；相反，若是原本就沒想著你能同意，那被你拒絕就是符合原先的預期，就不會感到憤怒。

再打個比方，你原本是一個「有原則」的人設，但大家發現在同樣的事情上，你竟然給予其他人優待，這也會讓人感到憤怒，憤怒並不來自你拒絕與否，而是差別待遇，這會讓對方覺得自己在你心目中，處於低價值和低親密度的位置。

因此，如果你希望可以做到坦然地拒絕他人，首先你得盡量提升自己的價值，你的價值愈高，拒絕愈是無傷大雅；其次就是你必須一以貫之地執行你的原則，這樣的拒絕也最能被他人認同和接受。

你真的會玩資源遊戲嗎？

除了那些真的很擅長社交的人以外，多數人通訊錄裡的名字都是靜靜地躺著，即使是那些在某段時間裡關係還算緊密的人，也無法具備社交資源的作用，一個看似巨大的資源池，其實是一池死水。

當然，資源閒置並不是罪過。對社交無所謂、資源可用可不用，這樣的想法和做法也無可厚非。但這不是重點，重點是閒置久了，資源就不一定還是你的了，也就是隨著你與資源的互動減少，某些資源就會漸漸流失，你的可用資源自然也會逐步減少。那有沒有什麼辦法能讓這個池子裡的水活起來？

你可以試著整理一下身邊能用上的資源，將他們分成兩列，一列寫上他們能提供的幫助，另一列寫上他們的需要。然後，你在兩列中間做個「連連看」，你會發現很多人能提供的幫助，跟另一些人的迫切需求可以互相配對。即使他們並不能一一對應，但只要多找幾個人參與進來，繞個圈，就有機會成為一個迴圈，這兩列愈長，打造多個迴圈、創造大迴圈的可能性愈大。

我曾在小範圍做過這樣的實驗，相信有少數讀者可能親身參與過：你需要什麼，自有人免費提供給你，但前提是你也必須擁有能提供給其他人的獨一無二且免費的價值。如若你自身不能提供任何價值，或你的價值非常普遍，等級也不高，那你就無法被拉入這個資源遊戲的迴圈之中，當然你的需求也就無法被滿足。

這種迴圈有點像最早的以物易物：甲想要一把斧頭，乙倒是有斧頭，但並不想要甲手上的兩隻雞，而是想要丙家裡的一條毛毯；丙有毛毯，但不想要斧頭，想要丁家裡的一頭豬；丁有豬，但不想要毛毯，想要換兩隻雞。

如果沒有貨幣的出現，這四個人恐怕永遠都無法得到自己想要的，而一旦有了貨幣，或者有一個人了解到四個人手裡的東西和想要的東西，那麼這四個人就能夠同時滿足自己的願望。

這就是貨幣的作用，而居中組織和搬運者，正是被過去不懂經濟學的人所看不起，認為只會投機、只搬運價值而不自己創造價值的商人。但如果沒有這位搬運者，這四個人很可能會把自己的東西扔掉。如今透過資源的優化配置，社會上無端多出了四份本有可能被浪費的資源，因此商人獲利天經地義。

而你，就可以試著去成為資源遊戲中的貨幣。

那麼你有什麼動機去促成這件事呢？大家都滿足了自己所需，你能獲得什麼？一個活的資源池是一堆資產，這堆資產的本金來自你周圍的其他人，但它跟其他資產一樣可以產生利息，這個利息就會歸使用這堆資產的人所有，你讓每個迴圈中的人透過自己能提供的東西交換到自己所需的幫助，本身就是一種巨大的價值，這種價值帶來的回報不是金錢，而是其他人的人情和對你的信任，這些是組成一個人「社會價值」的重要元素。

這就是貨幣的價值。然而這遊戲也不是誰都能玩得起來，必須先滿足兩個條件：

第一，你是否有意識地在收集具備一定等級的資源？

很多人完全不清楚自己的朋友在做什麼、能做什麼，甚至連要好的朋友都已經換了三四份工作或者成為某領域的優質資源，他都一無所知。他們也完全不了解朋友的需求，自然不可能玩轉這個遊戲，這是玩資源遊戲需要先付出的關注和社交成本。

第二，你有沒有什麼勢能和通用資源值得他人信任，以及在迴圈缺少一角時能夠補上或者透過交換獲得？

就像你開了一家桌遊店，大家來你這裡玩，你提供場地和服務，收的是場租。但如果大家對你不夠信任，就不容易把信任從你轉移到你信任的人，那這個遊戲從一開始就不可能循環起來。頂級成功人士組織私董會就會有很多人買單，即使私董會沒有傳遞特別有價值的內容，所有的價值都來自「會員社交」。你也想組織，但發現做不到，它的本質就是你和頂級成功人士的勢能差距。同時，如果你自己的通用資源不夠強，當迴圈缺一個角時，資源遊戲就玩不起來。相反，如果桌遊店老闆自己就能下場一起玩遊戲，或者能用自己的資源輕易換到一個對應的玩家下場，缺一個玩家的遊戲就不會無端結束。這是玩資源遊戲前要累積的本金。

當你滿足這兩個條件之後，如果你願意，性格又適合，就能用以上方法成為超高能量的超級節點，獲得源源不斷的社交利息。

上行清單

- ☐ **01** 情商就是識別對方情緒和控制自己情緒的能力。
- ☐ **02** 當不幫別人是本分時，幫助別人才會變成情分。
- ☐ **03** 可靠的重點，是結果總是在預期之上。
- ☐ **04** 主動為對方提供價值，能夠解除社交心理負擔。
- ☐ **05** 如果你不是社交的超級節點，就必須維護好你身邊的超級節點。
- ☐ **06** 愈是強者，愈是不期待別人幫忙，而主動幫忙的人愈多；愈是弱者，愈是期待別人伸出援手，愈是連被動幫忙的人都沒有。
- ☐ **07** 人是用感受判斷世界的動物，用趨勢推演未來再倒推回現在，才是人們對一個人的價值判斷。
- ☐ **08** 社交就是管理好自己和管理好他人。
- ☐ **09** 對於能量較小的一方而言，最好的結果就是把人情按「個」結算。
- ☐ **10** 價值愈高的人，愈能坦然地拒絕他人；愈是堅守原則的人，也愈能坦然地拒絕他人。
- ☐ **11** 為他人連結彼此的社交需求，能夠產生社交利息。

Chapter 5

影響力

做值得追隨的人

影響力本身就是價值

相信很多人都曾對「明星為什麼能賺這麼多錢」感到困惑，或許還有不少人曾替其他行業的人鳴不平，為什麼這些實實在在做事情的人，賺的錢還不到明星拿的零頭？世界是不是太不公平了？

如果你真的這麼想過，表示你在影響力的價值認定上還是門外漢。

明星並不是都賺得多。明星是個很廣泛的概念，分為極多的層次，只有那些頂級明星才賺得多，他們人數很少，但恰恰最為我們熟知，也被我們時刻關注。其他不夠頂級的明星，有很多轉做幕後工作，也有改行賣保險，許多三線以下的明星連在一線城市租房都成問題，這才是多數明星的常態。

頂級明星之所以賺得多，是由於他們的影響力夠大。例如一位諧星，如果能給每個人帶來一分鐘的快樂，每個人都願意為一分鐘的快樂付費一塊錢，你覺得他一分鐘的價值應該是多少？他收的所謂「天價酬勞」，其實在真實價值傳遞中占比還算很少，因為他無法光靠自己就將這一分鐘的價值展示給每一個人，大部分貢獻都在於負責傳播的平台和經紀團隊，每個人獲得的這一分鐘快樂是幾百甚至幾千人共同協作努力的結果。

影響力有兩個維度，一個是廣度，一個是深度。

影響力的廣度，就是傳播面的廣度。

大面積的傳播力本身就擁有極大的資訊到達價值，因為每一次傳播都需要耗費成本。如果不信，你可以試著把一個你認為的好東西（如這本書）推薦給一千個人，我想普通人很難做到，就算能勉強做到，也得花費較大的成本。但如果是一個無論發出什麼訊息都能夠輕鬆觸及一千個、一萬個甚至更多人的載體，每一次看似輕鬆到達的價值，就是你艱難觸及要付出的成本，這價值不可謂不大。

而影響力的深度，則是單次影響力的大小。

如今我們生活在資訊爆炸的時代。你怎麼知道防禦新冠病毒需要戴口罩？你怎麼知道哪個人奉行的投資理論是否正確？你怎麼知道讀哪些書對提升思維有幫助？我們不能連畢氏定理也要自己推論，這樣人類根本無法生存，也無法進步。我們必須找到一些可靠的消息來源，先驗證資訊的可信度，若是沒問題，那麼在時間不允許我們思考或需要更多背景知識的時候，最好的選擇就是直接相信這些消息來源的資訊。

這些消息來源會對我們產生很大的影響力，它們認為什麼好，我們就認為什麼好；它們認為什麼能做，我們就照做。它們幫助我們節省大量的時間，讓我們得以把時間應用在其他事情，同時也不耽誤在此處做出相對正確的選擇。這是不是很有價值？當然是，我們對某種資訊來源的依賴度愈高，它的影響力就愈大。

深度，是一種依賴度的表現。例如，你是一名工程師，你所待的公司有某一類程式只有你能寫，那麼公司對你的依賴度就非常高，你對公司的影響力也非常深。

影響力無論是廣還是深，都可以產生巨大的價值，而有些人的影響力又廣又深，例如既能夠將資訊傳遞給幾百萬、幾千萬人，又能讓其中幾十萬人對他提供的資訊完全信任，願意用直接購買的方式表達對資訊價值的認可，那麼收益就是自然而然伴隨而來的附加價值。

提升自身影響力的過程，從某個層面而言就是上行的過程。你希望有足夠的能力把資訊傳遞給更多人，你希望讓他人對你的資訊有較高的依賴度，那你首先就得為更多人提供價值，人們才願意接受你的資訊，而只有你的資訊屢次被證明有價值，人們才會願意不加分辨地購買你的資訊，節省自己的選擇成本。

別以為這只是「網紅的上行之路」，其實在很多方面都是如此，例如升職加薪的關鍵：你在團隊裡的影響力（領導力）、你對老闆的影響力（信任度）、對客戶的影響力（專業性）。

上行不等於提升影響力，但能提升影響力就是上行。

影響力關鍵在於標籤

閉上眼睛思考一下：

當你要買書的時候，你會去哪裡？當你要讀書的時候，你又會去哪裡？

當你要付款的時候，你會用什麼支付？當你要發紅包的時候，你又會用什麼？

當你要學習思維的時候，你會關注誰說的話？當你要學習兩性相處之道的時候，你又會關注誰說的話？

當你要買書的時候，你可能會去當當網，但當你要讀書的時候，你可能會打開微信讀書。

有人可能會問：淘寶網不是也可以買書嗎？也可以，但更多人還是習慣去當當網買書。那又為什麼不在當當網讀書呢？當當網的確也有電子書，但大家通常不認為當當網是個讀書的地方。

這裡的關鍵點就是「純粹」。所謂純粹，指的是一件事物裡包含了一個顯而易見的最突出的重點，這樣的純粹點可被稱為這件事物的「標籤」。

付款用支付寶，發紅包用微信，這是很多人的習慣，即便這兩者都包含了彼此的功能；想學習思維，你或許會聽聽我說了什麼，因為我的第一本書《你懂這麼多道理，為什麼過不好這一生？》和我的文章風格讓讀者留下深刻的印象，我也被市場定義為擅長講述認知和思維的作者。你可能也知道我寫過一本同樣很不錯的書——《愛情的邏輯》（我自認為品質很不錯），但你本能地覺得我寫兩性相處之道不如那些「情感專家」專業，因此你不一定會購買，就算買了、讀了也不一定聽我的，因為你的潛意識告訴自己，那不是蔡壘磊的標籤。

標籤，就是當別人聽到你名字時立刻聯想到的詞。**一個人的標籤愈清晰，他在這個標籤所指向的領域就愈有影響力。**若是到了極致，甚至能夠反向定義，例如別人提到什麼標籤，第一個跳出來的就是你，那你就等於占領了整條賽道，能夠獲得無數的賽道紅利。

例如淘寶網，在中國一個零網購經驗的人想嘗試網上購物，就會先下載淘寶

App，淘寶獲得這名用戶無須任何推廣費用。那拼多多或者京東網不行嗎？不行，它們還沒發展到「標籤反向定義」的程度，這就是淘寶享受到的賽道標籤紅利；再以搜尋引擎百度為例，從沒有在網路上搜尋過內容的人，想搜尋一下怎麼辦？打開百度。這同樣是零成本的賽道紅利。

有人說，雖然我有標籤，但怎麼可能那麼厲害？是，一般人的確不可能那麼厲害，但只要是人，都可以在某個範圍內做到。例如，在你的朋友裡，一說到什麼就可以被反向定義，這就應該容易做到，例如做菜最好吃、玩遊戲最棒、酒量最大、學習成績最好、法律知識最懂等等，**只要在你框定的某個範圍內能做到被反向定義，一樣可以得到額外的機會紅利**。

那麼如果有很多的標籤可不可以？可以，但這樣你的個人形象就容易模糊。就算你夠優秀，的確能在大部分事情上比其他人都強，還是要刻意地去打造你最突出的那個標籤，否則，就會像接下來我要提的田雞粥例子一樣。

很多年前，我問過一位朋友，哪裡的田雞粥最好喝？他跟我推薦了某家店，名字就叫某某田雞粥。喝完後，我發現這家的田雞粥和另一家的味道幾乎完全一樣，於是我就問朋友這兩家的田雞粥有什麼差別。他想了想說，似乎是差不多。那我就不解，既然差不多，另一家店內還有其他菜色，為什麼不直接推薦另一家呢？他說，因為這家就是專賣田雞粥的啊。這就是標籤的力量，一個最優秀的學生所有科目都是第一，另一個學生其他科目都墊底，但數學卻是全班第二，偶爾還能超越那位好學生拿到第一，當大家說到誰數學最好時，一定先想到那位偏科最嚴重的學生，而忽略好學生的數學也是第一的事實。

即使考試並不看標籤，但在社會的各個領域，在人們的感性認知中，就是偏科的那位學生在數學方面更有影響力。如果數學是一項技能，他就能在數學方面得到更多的合作機會，因為他的標籤夠突出，以至於可以占據每個人的心智。而誰占據了心智，誰就在某個範圍內定義了那個賽道，就能夠拿到賽道紅利。

機器沒有情感，好就是好，不好就是不好，但人有。人的腦容量有限，當他想到一個人、一件事物的時候，就會優先跳出自己為了幫助記憶而給這個人、這件事物貼的標籤。就像在某個抽屜上貼的便條紙，一旦貼上，一遇到便條紙上的詞，人的第一個反應就是去這個抽屜裡尋找。

因此你必須找到自己的專屬標籤。類型範圍不需要特別大，如果你無法在任何基礎類型做到具有足夠市場規模的第一，在標籤前面加上修飾或限定說明的定語，例如

「唱歌最好的主持人」，也不是不行。但一定要注意以下三點：

第一，問問自己，你實際上做過什麼？你做過最厲害的事是什麼？你的標籤必須強大而真實，不管別人如何看，至少對你來說是最厲害的，你在其他人面前，是真正有資格分享、有資格提供服務、能夠產生影響力的人。

第二，允許加定語，但定語本身的領域必須大，必須是人們常關注、想做好的事，你不能說自己是「下棋最好的主持人」，這樣的定語就沒有意義。

第三，允許加定語，但定語不能超過一個，一旦超過一個，人的大腦就容易記不住，形象就會變得模糊。

強化你的標籤和人設

當你獲得一個標籤之後，接著就必須不斷地強化。當然人性的一個弱點就是貪婪，希望別人可以更全面地了解自己所有的優勢，這樣就很容易掉進我們剛剛所說的「好學生陷阱」。

想要用一種標籤占據人們的心智、獲得影響力，是非常不容易的事，但毀掉它卻十分簡單。你完全不需要在標籤上做得有多麼不好，只需要多做一些跟標籤無關的事，無論你做得好與不好，都能將標籤抹除。

有些明星厭倦了被人定義成某種固定的樣貌，或被人定義成自己不那麼喜歡的樣子，而執著於轉型。當初為了成名，因此初始人設即使不盡如人意但先求出名再說，當有了名利之後，就希望嘗試新的人設，釋放自己的另一面，或者試圖做回「自己」。

但我們必須明白，當我們已經用某個標籤獲得影響力的時候，強化標籤就是「工作」的一部分。如果你想改掉這個標籤，就等於跟當下擁有的大客戶說「我心情不好，不想接你這單」，又或者跟老闆說「我今天很累，你自己做吧」——再次回到之前所提：我們的心理收益大部分都是以現實利益作為代價。

那些試圖轉型的人，有幾個成功了呢？很少，多數都沉寂下去了。他們以為轉型不成功至少還能回來，但其實標籤和人設的更改是一條不歸路，當你轉型不成功的時候，原來的「工作」也不可能還在原地等你，因此一定要提前想清楚，自己是不是願意承受這個代價。

所有聚在你身邊的人、被你占據心智的人，多數都是衝著你的某個標籤而來，是這個標籤使你擁有讓訊息快速觸及他人的通道和優先獲取合作的機會。如果你想換一個標籤，換一個人設，當然還會有喜歡的人，人數也不一定少，但不是當下聚在你身邊的那批人，他們都在別處，跟你資訊不對稱。需要你重新累積，重新銷售自己，重新花費成本去觸及另一批人，你未必能夠做到。

每一個被你的標籤和人設所吸引的人，都對你有一種基本預期。如果你一次又一次地打破他們的預期，他們就容易「出戲」，漸漸地，其他人會吸引他們的注意力，而你就會失去原標籤的影響力，失去觸及他們的能力。

沒人願意記住一個極度立體的人，除非他是想要跟你在一起。

愈簡單的標籤，覆蓋範圍愈廣，受眾市場愈大，愈容易被記住。如果一個人是「極度理性的」，那麼當我想到「理性」的時候就會想到他，當我有困惑需要有人能理性地幫我解答時，我會去找他。

如果他又經常用力著墨表現其他面向，人們就會在他的標籤上加定語——他是一個除了兩性關係，其他部分都很理性的人，又或者再加一個——他是一個平日見義勇為、而且除了兩性關係，其他部分都很理性的人。這個人的確很立體豐富，是個非常具體的人，但也什麼都不是了。他變得跟你見到的大多數人一樣普通，任何事你都不會優先想到他，因為你根本無法將他歸類，於是他在任何事上都不會被你優先選擇。

因此持續強化標籤形象就是你的工作，並非可以隨心所欲。若是標籤和人設都還沒產生影響力，大可以重新設定；若是已經帶來收益，在出現更好的選擇前，你不僅需要扮演下去，還得繼續強化，讓收益、機會和紅利擴大。

具體怎麼做？對一般人而言非常簡單，你要給自己什麼標籤和人設，在平常呈現給大家看到的部分，至少要有六成與此相關，這樣別人才能輕易地將你放入某個抽屜之中，以及在看到你傳遞的大多數訊息時，不知不覺地持續強化你的標籤。

如果你是一個社群專家或投資高手，那麼你在公開展示的資訊上，最好有超過六成的內容與社群或投資有關。其他什麼「曬娃」、「曬風景」、「曬美食」、發深夜雞湯文之類的訊息全部加起來不能超過四成的篇幅。如果你得到了一些能加強你標籤和人設的獎項，或是其他任何有助於別人在這方面更信任你的資訊，更應該在第一時間就公開展示。

或許有人覺得用這樣的方式去經營和表達自己，是不是太不自由了？是的，你要相信絕大部分的成功和好運都不可能是無緣無故的，機率對誰更友善，運氣就對誰更友善，而機率這件事，人為的因素占比很大。

但還是會有人擔憂，這樣會不會太高調？當然不。當你展示的內容跟別人沒有形成直接的競爭關係，別人會欣賞你的行為，甚至以「有你這個朋友」為榮，但當你展示的東西跟別人有直接的競爭關係，別人就會厭惡你的行為。

因此如果你呈現的是自己在獨特事業上取得的成績，那只會增加你的影響力，因為別人擁有的東西、做的事情跟你無法直接對比。而如果你展示的是自己的財富和幸福感，這是每個人都有的東西和需求，於是就會引發關於「多少」的直接對比，觸發嫉妒、自卑等負面情緒，進而讓人對你產生厭惡。

標籤一定要能被記住，還得不斷強化和展示。但人的心理又非常微妙，至於呈現什麼可以獲得認同，增加影響力和機會，而展示什麼會引起不適，惹來嫉妒和不滿，我們可以反覆對照以上規則。

用賺錢的事支撐天花板更高的事

要不要做一些目前收入還不錯，但沒什麼發展前景的工作？我經常收到這樣的讀者提問。

如果你拿這個問題去請教知識付費類的專家，十個有九個會反對，因為這不符合成功曲線，成功靠的永遠是指數型、爆發式的成長。而一眼望到頭的工作，往往是單純地依靠出賣勞動力賺錢，能賺到的錢是線性的。如果只是出賣相同的勞動力賺到相同的錢，就永遠無法提高勞動交換報酬的比率。

因此我們當然應該做比自身影響力極限更高的事，例如，「口紅一哥」李佳琦原本在線下實體做銷售，他的影響力上限就是這個商場的影響力，假如他在深圳某商場做銷售，你是不可能從北京專程跑去深圳捧場。

但是後來他在網路以直播的方式銷售，即使一開始人氣不高，可能比在商場做銷售都不如，畢竟商場還自帶流量。但這件事的影響力天花板極高，理論上的上限是所有平台用戶，甚至是所有能連上網路的人，只有在這個領域內做事，才可能有大幅度的突破。

如果一個人當下並沒有經濟來源能讓自己安心做影響力上限更高的事，又非背靠金山銀山，是否還必須堅定地選擇做影響力上限更高的事情呢？這樣考慮就欠缺一些理性。

影響力上限更高的事，往往非常兩極化，贏家通吃一切，輸家顆粒無收，而且贏家極少，輸家極多。因此即使天花板更高，但做不好才是常態，你可以一直嘗試做不同的影響力上限更高的事，但心中一定要明白，或許你堅持嘗試十幾二十次，才有可能找到你的終生事業，而在此之前，你必須先解決你的生存問題，不然，你終究是無法一直堅持嘗試這類前期近乎零回報的事，很可能等不到勝利的曙光。

因此當你還沒能在某個影響力上限更高的領域嶄露頭角，生存問題又解決得不夠徹底，可以允許自己做那些線性收入更高的事。不要在意是否體面，也千萬不要用幾乎不存在的「上升空間」來麻痺自己，很多人不願意開早餐店或擺個蛋餅小攤，理由是沒有上升空間，但他們卻願意日復一日地待在辦公室裡整理資料，欺騙自己有上升空間。其實根本不是上升空間的問題，就是覺得有些工作不夠體面，以及嫌累而已。

如果你在當下選擇了線性工作，就盡量去單位時間收入高、占用總時間少的地方，然後把省下來的時間都用來做那些前期沒有回報，但是一旦成功影響力就幾乎沒有上限的事情。

失敗幾次並不重要，業餘時間可以繼續換領域累積和實作，這樣才有可能真正抓到其中的一次機會，徹底地脫離現有狀態，上行到新的台階。之所以要盡量多嘗試，是因為你並不知道運氣會在哪一次光顧。

贏就是影響力

一個人的影響力跟過程的關係不大，跟結果的關係很大。什麼樣的人說話最有人聽？一定是贏家。

人天生就有一種追隨贏家的心理，倒不一定是為了接近和討好贏家，主要是贏家已經證明他們可以透過某種方式取得勝利，於是跟著他們做總比跟著尚未證明自己的人要強一些。即使贏家的方法不一定能套在自己身上，但輸家的道理可能更沒用，否則他們怎麼還沒成為贏家呢？

在小紅書、抖音等媒體平台上，能以最快速度讓更多人關注的是哪種部落客？不是講道理、不是科普、也不是單純分享好物，而是炫富。財富在很多人眼裡就代表成功，是一種最直接的結果刺激，能最快地引起人們關注。

佛祖在涅槃前，阿難尊者問了四件事，其中一件就是「您涅槃了，我們結集經典的時候，怎麼才能讓別人相信呢？」佛祖說，你每次講的時候在開頭加「如是我聞」四個字就行了，意思是「我從佛祖那裡聽來的」。

這是什麼原理？權威效應。小時候老師鼓勵我們寫文章引經據典，也是相同的道理。成功人士說的、大智慧導師說的，跟你說的可信度肯定不同，有些人還喜歡把自己的主張套在虛擬的成功者上以增加可信度，即使不誠實，但由於人們追隨贏家的心理，這些謊言確實能讓他的主張更為可信。

我並非鼓勵大家炫富，也不鼓勵為了吸睛而做一些「拚豪車」、「拚豪華下午茶」之類的事，更不贊成大家去曬一些並不屬於自己的成果。我只是為了說明一個道理：想要擴大你的影響力，持續不斷地贏、持續不斷地成為人們心目中的成功者非常重要。

我在某個公開場合被問到讀者和我的關係時，我說我的讀者裡有一部分是基於「共同的價值觀」和「道理」而與我站在一起，還有另一部分是基於我取得的某些微小的「成績」而和我站在一起。

前者只要實踐我講述的價值觀和方法論，取得不錯的成果之後，幾乎就會永遠跟我站在一起，而後者會在我個人於某領域的影響力排名稍有下降時，轉而跟其他在當下更有影響力的人站在一起，他們未必會實踐我說的內容，他們就是單純地想站在人更多的那邊，這和某些人永遠只追當下最紅、談論人數最多的明星是同樣的道理。

在很多人眼裡，贏就代表正確。你無須判定這種說法究竟有多正確，你只需明白，只要還有很多人依然這麼認為，那麼你只要一直贏，就一定會獲得愈來愈大的影響力。

團隊管理也是如此，如果一個團隊的成員認為自己的主管具有人格魅力，願意追隨，那麼他們追隨的其實是什麼？所謂的人格魅力又是什麼？

團隊成員自願追隨某個領袖，一定是他可以帶領大家持續走向勝利，一直能打勝仗，就算脾氣古怪也能接受，例如史蒂夫・賈伯斯、伊隆・馬斯克等。贏本身就是「跟著他們可以愈來愈好」的希望，跟著贏家有機會享受到團隊整體成就所賦予其中每一位成員的光環；但如果不能持續地贏下去，出於對未來的焦慮，領袖的任何決定都容易遭受成員質疑。在這樣的情況下，無論學多少管理學知識，都無法凝聚團隊成員。

我們常說「言傳不如身教」，其實可進一步說「身教不如結果」。

要如何強化你的標籤和人設呢？你必須有意識地去得到那些能讓其他人認為對你的標籤有深度加成的「結果」，然後即時公開你的「結果」。人們在頻繁看到這些「結果」之後，你無須多說，自然就在人們心中不斷鞏固你在這個標籤下的影響力。

你有沒有自己的通道優勢？

想要持續不斷地贏，單純光靠腦力和體力還是不行，因為人與人之間即使有巨大的思維差距，但隨著你增加對這個世界的接觸與交流，你的競爭者中必定會出現腦力和體力皆不遜於你的人，這時候贏的關鍵在哪裡？

不知道你有沒有加入過那種花費昂貴的社群、俱樂部或私董會？例如年會費十幾萬甚至幾十萬人民幣的團體。如果你曾參加過幾個，會發現它們有個共同點，那就是進入其中的人大多不是真的去學東西，也不一定打從心底認為那裡能教授什麼，而是去社交、去發現投資機會以及尋找合作夥伴。

一個人想讓更多人對自己產生依賴，除了必須具備思想和行為上的影響力，還得有屬於自己的「通道優勢」。所謂通道優勢，用一個具象的比喻就是一堆人在同一條賽道、同一個起跑點，比賽誰先到終點，大家買裝備、練體能，各顯神通，但你無須跟他們比速度，你走的是另一條賽道，僅僅邁一步就抵達終點。

傳統手藝人到了一定級別，技藝也就這樣了。名師與非名師的差別，主要在勢能與通道優勢，拜在郭德綱的門下，你就有機會成為岳雲鵬；拜在一個相聲比郭德綱說得還好的老師門下，學了一身本領，卻不一定有地方展示。

如果你是職場主管，你希望自己能夠服眾，那麼就得擁有作為主管專有的通道優勢。換言之，下屬在工作能力範圍內無論如何搞不定的事情，你出馬就要能立刻搞定。這並非是你的工作能力、工作技巧或是智商就一定高過下屬一大截，而是你有你自己的通道，例如跟誰打聲招呼，打通關鍵環節，事情就水到渠成了。這種通道遠非「教會徒弟餓死師傅」的技巧可比，任何技巧都可以被趕上，但通道就是通道，通道是一個人獨一無二的經歷、獨一無二的社會關係、獨一無二的累積組成的獨一無二的優勢，無法被其他人複製。

而要累積自己的通道優勢，一種是靠不斷地在自身事業上精進，用愈來愈大的事業成就，交換到愈來愈稀缺的特殊通道。例如我需要做個活動，或許能夠邀請到較為知名的作家到場，但如果是我的助理去接洽對方的助理，就算我的助理非常機靈，談話非常真誠，邀請非常有技巧，得到的回覆也可能就是「很抱歉，沒有空」或是「跟老師的時間有衝突呢」。

另一種是你還沒建立起這種交換特殊通道的行業地位，在短期內獲得事業上的精進也不那麼容易，而你想先有特殊通道，再慢慢用特殊通道加成自己的成就，也有個取巧的方法，跟第一章所提「反覆橫跳」有些類似：先利用A平台的平台勢能，努力用心做事，將透過平台勢能自然流入的資源轉化成自己的個人資源。然後帶著你的個人資源到一個能用得上的B平台，降維打擊B平台的選手，相對於他們你就擁有通道優勢了。你在B平台所在的區域範圍內，就能迅速累積自己的影響力。

這是我在幾年前告訴一位讀者的方法，一開始他在非上班時間幫某些客戶處理一些非業務內容的法律問題，覺得很苦惱。我告訴他，這可是你累積影響力的好機會，公司的勢能大，分給你的客戶一定有很多優質客戶，你正好趁機慢慢地將之轉化成「認你」而不是「認公司」，這並非是建議你準備背叛公司，而是在你和公司利益一致的時候，他們認你和公司都沒差別，但你和公司是合作關係，未來發生任何事都無法預料，因此你必須提前利用公司這個大勢能平台做好信任轉移。

前兩年他告訴我，自從他開始慢慢地、有意識地累積自己的品牌和影響力之後，煩惱消失了，因為他不覺得自己是在替公司維繫客戶，並不覺得自己是在非工作時間加班，而是在完整地替自己做事。他的影響力愈來愈大，某些初次上門的大客戶甚至向公司指明要他服務，再之後他離職，成了另一家律師事務所的合夥人。

而這個新身分，將可預見地讓他接觸新的平台和資源，有機會建立起能應用到某個能降維打擊的新去處的通道優勢，這個遊戲可以一直循環下去。

這裡的重點就是降維打擊，有些人擁有的經驗和資源在這個領域可能不算什麼，但到了其他領域，就成了不可多得的通道優勢，因此不僅要攢對東西，還得用對地方。

把你的影響力複製出去

在提升影響力的過程，必定會在某些時刻遇到瓶頸。所謂瓶頸，就是你穩定在某個成就上一段時間，你的社交關係和業務也都處於相對穩定的時期，此時靠你個人單體爆破已難以再大幅增加影響力。

如果你想在這個基礎上更進一步，希望靠影響力來驅動成就、突破瓶頸，而不是等著慢慢提升成就來擴大影響力，那就必須突破個體的觸及限制。

就算你是家喻戶曉的明星，也有很多人不知道你，而知道你的人還有很多人不了解你，再者就是知道並了解你的人有很多並不認同你。

你想繼續擴大你的影響力，就必須透過複製很多個「你」來實現。這很多個

「你」，分別擁有不同的管道和社會關係，有著自己能觸及的人群，最重要的是，這些觸及能夠同時進行。

以下有兩種方式，能夠幫助你更有效率地複製更多的「你」。

為師者效勞

把你身上有價值的東西傳遞給其他人，並教他們如何更好地傳遞給更多人，這就是成為師者之師。它的好處在於可複製、可擴展層級，因你而受惠的人由於知道更好的傳遞方式，能夠因為這種傳遞而產生價值和機會，並且願意再往下傳。

每個人都有自己的社交圈能接觸到的群體，在傳遞的過程中，大家勢必會常常提到你，這種增加影響力的方式就比「單點爆破」要快很多。

為能者效勞

如果你服務的對象本身就很厲害，那你的影響力也就容易水漲船高。能者的人數雖然不會太多，但個體的能量卻不小，如果能夠複製能者版本的你，擴散起來也很可觀。例如很多明星的御用攝影師或化妝師，只要明星覺得很滿意，他自身事業發展得不錯，也認為其中有你的一份「功勞」，那麼只要他願意介紹你，甚至帶著你上綜藝等大眾節目，那你立刻就會光環加身，影響力暴增，進而大幅提升行業地位。

以上兩種都是突破個體影響力觸及限制的方法，影響力達到極致的人，通常在影響力提升的過程中二者並進，例如「萬聖之師」孔子這樣的頂級影響者。其影響力的急遽擴張，正是由於很多人能夠在協助傳遞價值的過程中受益，並且這些人還知道如何傳遞價值；同時，他們的價值點又剛好契合那些地位極其尊崇者的需求，無論是剛好互相配合，還是他們刻意尋找這樣的價值點輸出，最後的結果都是大獲成功。

他們複製出的傳播者不僅有數量，還兼具質量，因此影響力才能穿透千秋萬代。即便我們沒必要做到這種程度，而且實際上也做不到這種程度，但所有裂變產生影響力的方式皆相通，他們能用，我們一樣能用。

影響力只能乘風而起

影響力這種東西，看不見摸不著，很多時候，只有在有了跨越等級的差距時才能為人所感知，因此和所有的上行過程一樣，人們容易在累積階段就放棄。那麼什麼時候才容易表現出累積的成效呢？

幾乎在每一個新領域，我們都能看到一些之前默默無聞的人，突然擁有極大的影響力或者暴富的情況。這些人之前完全沒有知名度，但因為及時踩對了某些點，於是就大幅突破現有狀態，讓人心生羨慕。

真的是這樣嗎？的確如此，但大部分情況，只是你不了解他們之前在做什麼而已，在某個新領域或最初不太熱門的領域尚未發展到全民湧入的階段時，不是人家沒有在累積，也不是人家沒有領域內的影響力，而是你作為局外人並沒有關注到這些資訊罷了。就像參加《中國好聲音》的很多選手，他們打扮得就像初次登台的新人，看起來像因為節目而突然走紅，但其實他們之中很多人在參加比賽前就已經在小範圍內小有名氣，並不是真正的「普通人」。

想在一個風口處像他們一樣踩對點，大幅突破現有狀態，通常有兩種情況：

一種靠的是巨大影響力的轉移，例如羅永浩去抖音做帶貨直播主，利用自身擁有的高勢能直接讓抖音平台給予巨大的流量扶持，瞬間成為「頂級直播主」。但這是在本人已經於別處有巨大影響力的前提之下，對於本書絕大多數讀者而言，並沒有多大的參考價值。

另一種就是影響力是從零或幾乎從零開始，我們更想知道的是這一種情況。在開始分析前先說結論，當我們是純「素人」的時候，我們想在某個風口期大幅突破現有狀態，一定是無法透過追風口獲得，只有一條路，那就是提前布局、乘風而起。當直播帶貨成為流行時，人人都想湧入其中分一杯羹，可是誰又真正分到了呢？連絕大多數的明星都分不到，因為風口只能事後追認。

風口之所以被稱為風口，就是由於已經進行過爆發式的成長，而此時若沒有先行者優勢，只是跟其他人一起湧入，又無法從其他地方把巨大的影響力轉移進來，那麼想要在此時此刻從零打造出影響力幾乎不可能。

直播帶貨領域的頂級直播主李佳琦和薇婭，他們是什麼時候開始累積的？一定不是在直播帶貨的風口到來之後才開始。那他們怎麼知道風口會來？沒人知道，他們只是在自己擅長的領域做自己擅長的事，然後靜靜等風來而已（甚至都不一定有刻意「等風」，就單純一直做），這個世上還有千千萬萬個直播主並沒有等到風口的到來，因此既要看眼光，又要看能力，還要看運氣。

我們無法控制運氣，但是選一個領域深耕等風來，當運氣光顧的時候由於之前的先行者優勢可以乘風而起，就算什麼都不做，也可以享受到市場規模擴大、人群湧入、機會紛至沓來帶人的紅利膨脹，這肯定是正確的策略。

那麼具體怎麼做？

做更高效的事

所有的風口一定是改進了社會效率，或滿足了某種尚未滿足的需求，又或者兼而有之，很少有例外。如果你希望自己即將進行累積的領域有一天能成為風口，那就不能選擇舊領域，以及很久以前已經成為大風口，而如今早已沉寂的領域。

你所在的領域顛覆了什麼舊模式？你做的事情又如何讓價值傳遞更高效？這是你需要思考清楚的事情，如果這兩個問題都有顯而易見的答案，那就是正確的。

做年輕人更喜歡的事

年輕人喜歡的東西，更容易成為未來的風口和主流，世界的模式是依著年輕人喜歡的樣子進化，而不會以中老年人的負嵎頑抗為轉移，例如電子支付，就算中老年人再不習慣，也不可能因為他們不會使用而回到現金為主的時代。

因此做年輕人更喜歡、更習慣的事，隨著時間的推移，年輕人會漸漸成為消費力量的主流，屆時你就有可能在這些服務成為主流前先占住一個風口賽道。

在選好的領域內做你更擅長的事

如果你不夠擅長，就無法做到某個小分類的第一，甚至連在前幾名都很難。如果是這樣，就算風口真的到了，你的受益總額也是有限。每個領域當風來的時候，只有領先的前幾名才能享受到人群湧入後的紅利，就像市場上有那麼多的虛擬貨幣，即使真的有一天人們都想買一點試試（僅為舉例，非投資建議），絕大多數人還是只會選擇比特幣，因為其他的都沒聽過，學習成本也太高。這就是巨頭紅利，不費成本，不費一兵一卒，就能在風口到來之時讓自己的影響力和收益擴大百倍千倍。

在選好領域之後，每個人可以有很多的分工，這裡一定會有你擅長的事，你必須在這些事上努力做到前幾名領先的位置，這樣才算是真正的「等風來」。

如何讓影響力的雪球滾起來？

在本章的一開始，我們已經拆解出影響力的兩個維度，分別是廣度與深度，對應影響他人的兩種方式。

廣度與深度，看似兩種影響方式完全不同，其實也能互相轉化，只需要一些橋梁。只要有了這些橋梁，就能讓影響力的雪球在廣度和深度之間不斷滾動，並在滾動的過程中不斷膨脹。

先看從廣度轉化為深度。

廣度的關鍵字是觸及，只要能夠將資訊透過某些方式傳遞給更多人就算完成任務，無論對方是否受資訊影響做出某些特定行為。

接下來如果要更進一步，想讓這些資訊不僅能到達，還能占領接收者的心智，甚至轉變接收者的價值觀和思維，改變接收者的決策，讓傳遞的每個資訊都帶來更多的價值，要怎麼做？此時資訊的傳遞者就必須想辦法讓接收者完成至少一件事情，這件事情能讓接收者產生收益，並且得盯著他們做完。

在二〇二一年，我把我認為「有用」的事情挑了出來，成立一個關於思考和實踐行動的組合，於是就有了「上行部落」。部落裡有極其嚴格的條款，任何人不完成或任意延遲完成，都會有嚴厲的罰則，嚴重者甚至直接從群組移除。這樣做並非刁難部落內成員，而是我需要確保他們完成的質量俱佳，這樣他們才能真正體會到價值。

一個人只有真正因你而受益，是實實在在地受益，並非「感覺自己受益」，你的影響力才能穿透他，否則你提供的資訊就只有廣度，永遠沒有深度，更不用說進入廣度和深度的滾雪球循環了。

再看從深度轉化為廣度。

有那麼一些人，在廣義上並不算出名，但在某個小眾領域非常有影響力，只要他們說什麼好，小範圍內的人群立刻買；只要他們說什麼不好，小範圍內的人群不是換就是扔。這些人擁有的就是影響力的深度。

想要持續維持深度，或者由深變更深，就只有一條途徑，就是幾乎每一次影響他人的決策，都必須對他人形成正向效果，否則信任就容易瓦解。而這些小眾領域的影響者是最承受不起信任崩塌的結果，因為他們能影響的人數本來就不多，他們賴以生存的是深度，所以他們每一次的價值提供都必須篩選再篩選，斟酌再斟酌，每一次正向效果都是對影響力的加持，但只要一次負面結果就容易導致影響力歸零。

如果他們想擁有一些「反脆弱性」，在變動中生存並受益，希望能夠在深度的基礎上擴展廣度，即使剛擴展進來的人不一定能被深度影響，但至少可以儲備一些「潛在」的被影響者，該怎麼做？

深度影響者身邊最大的助力，就是深度認同者。這些人曾經深度受益，就非常樂意將深度影響者的影響力傳播出去，那麼深度影響者就有兩種方式可供選擇。

首先，是讓深度認同者做一件能夠讓他們身邊的人受益的事情。

當身邊的人因深度認同者而實實在在地受益，他們自然也就願意相信深度認同者認同的深度影響者，這些人就能夠最方便快速地變成作為廣度儲備的人。

再者，是讓深度認同者轉化為價值提供者，並因此獲得現實收益。

我們之前曾經提到一個方法：為師者效勞。當深度認同者能夠用深度影響者提供的價值來獲得現實收益時，他們就會更自動自發地將深度影響者的影響力往廣度方面延伸。

當深度影響者有了廣度儲備之後，就可以回到第一個循環，從廣度到深度，然後試著將這個系統像滾雪球一樣持續循環運行。而要維持這個系統一直都處於自我運行狀態，以上所做的事情就是橋梁，只要你不斷地做正確的事，這個系統就永遠不會中斷運作。

上行清單

- [ ] **01** 上行不等於提升影響力，但能提升影響力就是上行。
- [ ] **02** 你需要有一個更純粹的標籤。
- [ ] **03** 展示過多的優勢，反而有可能掉入「好學生陷阱」。
- [ ] **04** 盡量多嘗試，是因為你並不知道運氣會在何時光顧。
- [ ] **05** 一個人的影響力與過程的關係不大，與結果的關係很大。
- [ ] **06** 如果你擁有了通道優勢，就能做到降維打擊。
- [ ] **07** 必須複製更多師者和能者版本的自己，才能更快地增強影響力。
- [ ] **08** 當我們是純素人的時候，風口不可追，只能提前布局，乘風而起。
- [ ] **09** 影響力的廣度和深度，可以透過橋梁與催化劑不停地轉化擴展。

Chapter 6

賺錢

人人都能做好的事

賺錢只是思維的投射之一

很多人以為，賺錢是要通曉某些特殊的門路，是要特別修行一種稱為「賺錢」的技術，是一門獨立的學問。

而這門學問是如此重要，因此只有極少數人能有幸掌握某些祕而不宣的方法，這極少數人就是社會的頂級精英以及他們的下一代。這些方法堪稱「登龍術」，只能代代相傳，而普通人能見到、聽到的，全是「毒雞湯」和騙人的把戲。

從機率而言，大多數人的確賺不到錢，也難怪人們有此猜測。有人會疑惑，自己不正在賺錢嗎？並不是的。所謂「賺到錢」，是要賺到比絕大多數人更多的錢，如果人人年薪百萬人民幣，那麼年收入五十萬元人民幣也要被歸到「沒有賺到錢」的一類，因為那只能證明貨幣貶值了。因此若是按社會排名來計算，「賺到錢」永遠都只發生在金字塔頂端。

那麼「登龍術」是不是真的如此神祕呢？當然不是，世間萬事萬物都是思維的投射，賺錢也只是其中一個罷了，你有什麼樣的價值觀，你的思考方式如何，你有哪些想法，決定了你是不是能賺到錢。而由於大部分的人賺不到錢，因此你的思維一定要跟其他人有顯著的不同。如果你在思維上得到大部分人的認同，獲得了社會安全感，那就只能成為平庸者，無論最後大部分的人是對還是錯，都不重要。

因此一個人想要致富，必須先進行思維蛻變，而在蛻變的過程必定要經歷一個無人理解、無人認同的過程。這個過程會驅使你尋找社會認同，而你則需要對抗這種對安全感的渴望。這是一個考驗，也是破繭成蝶必須承受的痛苦。

這段痛苦期不是誰都能熬過。當周遭都不認同的時候，任誰都會產生自我懷疑，這條路到底對不對？我到底是不是如他們所說「走火入魔」了，或是「信了一些歪理邪說」？

本章標題「人人都能做好的事」，指的是人人都有決定開始改變思維的機會，人人都能透過改變思維變得「比別人會賺錢」，但由於它看不見、摸不著，導致很多人並不相信這一點，因此無法完成蛻變。他們希望的永遠是有人告訴他們具體做什麼，然後只要一做完，就能拿到巨額收益，這種思維正是限制致富的原因。

我曾經獨自走過一段長期遭受質疑之路，朋友、同學、父母都不認同。但這很正常，當你處在試圖上行的當口，你即將在某些方面覺醒，即將拋離身邊當時跟你社會地位和思維模式相稱的人，當下你覺得自己做的事是正確的，但對他們而言大多是不正確的；而他們想讓你做的事，正確的可能性也不會太高。

我猜想很多讀者對本書最有興趣的主題就是關於本章跟下一章的內容，因為這兩章的內容是關於賺錢致富。若是這樣，我大可直接擴展這兩章內容，做一本新書，並取名《億萬富豪教你如何賺到錢》或是《賺大錢的一百種思維》，我想一定能夠更加暢銷。

基於這種誤解，我必須在此提醒你，上行是整體能力的提升過程，而「賺到錢」只是一個綜合性結果。如果你忽視本書前五章的內容，例如搞砸了社交、不懂得表現自己、不會利用時間……那麼這個「賺到錢」的結果就不會自動找上你。就算掌握再多關於賺錢的思維，對整體能力不足的人而言，最後也註定是事倍功半。

消費的陷阱

有一檔實境秀節目叫《富豪谷底求翻身》（*Undercover Billionaire*），講的是美國的億萬富翁葛倫．史登斯（Glenn Stearns）隱藏身分，只帶一百美元、一輛破舊的貨卡和一支通訊錄沒有聯絡人的手機，挑戰九十天內在一個陌生城市創立一家一百萬美元公司的故事。

雖然這類影片的真實性存疑，我更願意將其看成是一場實境秀，畢竟主角再怎麼隱藏身分，二十四小時跟拍的兩位攝影師始終扛著攝影機和麥克風收音桿。無論如何編故事，別人也會懷疑葛倫是否是真正的窮人，進而對他另眼相看，給他特殊優待和幫助。但節目裡的某些思維和做法還是很有借鏡意義，例如葛倫最開始的那些行為。

葛倫到了一個陌生的城市後，先是熟悉物價，他得先知道自己手裡的一百美元在最節儉的情況下可以應付多久，這樣他就有一個「自己得忍受多久沒有收入」的預期。於是他先去超市了解當地物價行情，買泡麵的同時順便向老闆借洗手間刷牙。

緊接著就是「晚上睡哪裡」，最便宜的旅館需要五十美元，看著手裡的一百美元，他決定冒著極端嚴寒的天氣在車裡睡上一晚。畢竟如果住旅館，他連付第二晚的錢都沒有，那就註定不是長久之計。

看到葛倫的做法，再想想那些口口聲聲要賺大錢但又抱怨社會不公的人在做什麼？有的人在享受頂級美食、最新款的手機、最潮流的衣服、最大牌的包包，甚至貸款購買最酷炫的跑車，以及四處旅行。

一個人致富靠什麼？機會、運氣、能力、資產累積。你可能因為運氣獲得一大筆財富；也可能透過能力提升，獲得某個機會，大幅增加自己的單位勞動時間報酬；還可能透過投資或其他累積的方式讓自己的資產慢慢提升一個階層。

除了純屬運氣的天降錢財以外，財富都是生產工具，無論是投資（包括學習）還是勞動，手上財富愈多就永遠有更多賺取其他財富的機會。而消費則是在消耗生產工具，以及未來的機會。

我曾解讀過一本書，書名是《窮人的經濟學》（*Poor Economics: A Radical Rethinking of the Way to Fight Global Poverty*）。書中提到一個小鎮，那裡的人每天早上都要借錢進貨，當天賣完後還完本息，剩下的錢只夠生活，如果還有結餘，就拿去喝茶，結餘更多一點呢？多喝一杯。可想而知，他們的生活註定不會有改變，也就是永遠貧窮下去。

如果他們每天可以少喝一杯茶，那第二天就可以少借點進貨的錢，少付一點利息，於是第三天就可以借更少的錢……總有一天，他們就能過「每日結餘都能加在自有本金，進更多貨」愈來愈富裕的生活。

但是他們無法做到，他們只會羨慕別人比自己多喝一杯茶，而對「自己賺錢系統需要微小改變」的這件事感受非常遲鈍。他們永遠在滿足超越自身能力的欲望，於是就永遠無法累積資本，讓資本成為正循環的生產工具。

人的欲望當然要滿足，但必須以不降低資產等級為限。

什麼是不降低資產等級？例如你手上有十萬塊錢，你可以做一項十萬元等級的投資，如果你的「淨賺錢速度」（扣除生活必要開支後的正現金流）是每個月一萬元，那麼你可以偶爾奢侈，即使資產變成九萬元，基本上不會影響你的資產等級。因為你的信用等級在，你可以在短時間內讓資產回到十萬元，或光依靠信用就能先補充到十萬元，不至於無法掌握突然出現的機會。

但如果你的資產因為單純的消費從十萬元變成五萬元，或甚至更低，這就降低了你的資產等級，那這筆消費就不是你當下該滿足的欲望，如此將大大降低你財富累積的速度，還將大大降低你後續掌握賺錢機會的能力。

過度消費最大的影響，並非消費的金錢本身，而是錯失這些錢有可能帶來的賺錢階梯，有的賺錢機會只有在特定的階梯上才能遇到，於是一步踏空步步踏空，直至錯過整個循環。這就是過度消費帶來的最大惡果，也是肉眼看不見的隱性惡果，可能會失去更多更好的未來。

對抗這種衝動消費的最好辦法，就是強迫儲蓄。

有人用貸款買房的方式來強迫儲蓄，做法就是將自己收入的一部分存入某個固定的投資帳戶，只不過目標是房產而已。你當然也可以選擇其他的投資標的，只需將每月收入的一部分存入，然後進行適當的投資，一段時間之後，你會發現你的生活品質其實不會下降多少，但你可能會擁有一些下金蛋的雞，後續將在第七章說明。

放棄多數人能走的路

本書第一章就提到「追上大部分人並不難」，其實還有後半句——只要別跟他們做一樣的事。

很多年輕人抱怨競爭過於激烈，但真是如此嗎？年輕人真的沒有選擇嗎？為什麼一定要走那條大家都想走而且都能走的路呢？

競爭只有兩種，一種發生在門檻前，一種發生在門檻後。

發生在門檻之前，競爭就是搶門檻。誰搶到門檻，越過高牆，就能進去跟少數人一起享受一大片好東西；而發生在門檻之後，絕對是千軍萬馬過獨木橋。

兩者看起來差不多，其實有很大的不同。門檻前的競爭，往往是耐心與耐力的比拚，很多人並不願意透過長時間學習去掌握一項有門檻的技能，也無法長期堅持在一件當下看不到報酬的事情上，因此只要你能堅持，就能甩開大部分的人。

而門檻之後則是有關性價比的競爭。由於人人都能邁入門檻，而這個世界上永遠有願意比你付出更多，但回報需求更少的人，因此一定避免不了惡性競爭，惡性競爭一定會將平均報酬拉到最低水準，如果你不屬於回報需求少的這群人，註定無法滿意。

因此想要真正賺到錢，就一定要選擇門檻之前的競爭，用耐力、耐心、智慧，把那些只願意付出短期勞動、立刻就要獲得回報、看到跨入門檻需要掌握的東西有點多就放棄的競爭者隔絕在高牆之外。

耐心、耐力有累積作用，如果兩個人在進入高牆之前就已經有差距，那麼當初放棄的人過段時間再回來參與競爭，這段時間加大的差距會讓他們更加沮喪。

只要在耐心、耐力能夠觸及的範圍之內，牆愈高的事情，愈該成為我們的選擇。

賺錢必須選對的四種選擇

賺錢這件事，運氣舉足輕重。但賺錢又不只是依靠運氣，假如在籃球場上，最後一球定生死，你有一定的機率投進，喬丹也是；你也有一定機率投不進，喬丹也一樣。但球會交給誰呢？顯然你們投進的機率並不一樣。

我們閱讀、學習、行動、思考、總結，累積經驗、磨練技藝，目的只是讓進球的可能性能稍微大一些。

在涉及「真正的技術」之前，我們先來看關於賺錢的四個選擇，這四個選擇若是對了，賺錢必定事半功倍。

選對領域

有句俗語說「男怕入錯行」，這話的意思是，如果你在一個錯誤的行業，想出人頭地就會難上許多。

為什麼選對行業或領域這麼重要？因為不同領域的賺錢效率天差地別。如果一個行業正處於資金不斷聚攏的時期，那麼無論在其中參與哪個環節幾乎都能賺到錢；而如果一個行業正處於資金退散、效率趨於穩定甚至倒退的時期，那麼無論你在裡面做得多好，都很難賺到錢。

讓我深有感觸的是二〇一六年，我作為一個公務員兼具商人（非經營性）、投資人的身分，只在閒暇時間將自己投資和做事過程的經驗總結，以及對世界的思考寫在公眾號上。沒過幾個月，就收到好幾家投資機構打電話來，估值最低的是五百萬人民幣，當時我的公眾號粉絲量連十萬都不到。

選對領域，就意味你能輕易拿到領域內溢出資金的紅利。什麼是溢出資金的紅利？就是當人們非理性地湧入某一個能夠提升社會效率的領域，使人才和資金在短時間內遠大於該市場規模，使得每一個在此提供服務的人都能獲得的超額收益，幾乎不需要額外努力。

那什麼樣的領域才是對的領域？

從長遠來看，各國因寬鬆貨幣政策使法定貨幣增加且增速不斷提升，是一個難以逆轉的趨勢，因此最對的領域就是「有效率的新錢」領域。

新創造出來的財富通常會自動流向最能改進社會效率的領域，這是必然趨勢，國家、銀行、資本家這些最早拿到新錢的，都會把錢紛紛投入。首先這些領域對社會效率有極大地提升，其顛覆的往往不是一個行業，而是一種過時的生活方式；其次這些領域的後續想像力往往暫時看不到上限，而這種極大的後續想像力則代表了回報的想像力。

只要身處新錢漫灌的領域，就總有一批年輕人，短期內賺的錢一下子就超越父母幾十年的累積。他們不一定都特別厲害，更多的是那裡的水太滿，某個領域總共就一瓢水，而另一個領域則有一缸水，兩人都是各自領域的第一，賺到的錢就可能相差幾十倍。

這些新錢漫灌的領域往往很新，時間新、知識新，又暗藏「硬改變」的技術或邏輯。例如區塊鏈，就是「硬改變」的技術；而把使用者從文字分流到直播和影片，是「硬改變」的邏輯。這些領域往往也沒什麼前輩可以確定碾壓新人的優勢，一切都是未知數，這樣的領域，就是想快速上行的年輕人的首選。

選對老闆

經常有人在社群媒體上問我這樣的問題，說收到了幾家錄取通知，或者本人現在正處於事業轉型期，糾結該選哪家公司，選哪個老闆。

其實在我看來，選擇的標準非常簡單。不是哪家公司更大，也不是哪家公司業務的想像力更大，更不是外界口碑更好，而是哪個老闆賺錢更容易。

公司大，很可能是個空殼；業務有想像力，兌現是個大問題；外界口碑好，對員工不一定友善。這些都不能作為主要的篩選標準，真正的標準是老闆賺錢的難易程度：老闆賺錢愈不容易，外面的競爭壓力愈大，那麼公司氛圍肯定更壓抑，工作壓力也更大。老闆的生存壓力過大，就會極其慎重地對待自己付出的每一分工資，對員工的回報價值期待也會超乎尋常。

我自己有過這樣的體會。當我的公司處於逆風期時，我會絞盡腦汁，想盡一切辦法試圖扭轉局面，我當然希望每一名員工都能像我一樣對待工作，因此我會以自己每天做多少事為標準去衡量員工，於是他們自然就顯得不夠努力了。我希望大家主動自發地多做一點，也許多做一點點就能撐過這個階段，公司業務就能有好的轉機；但當我的公司處於順風期時，帳戶裡躺著充裕的現金數字，還有源源不斷的現金流進帳，我不禁會想，這些數字裡都凝結著他們的辛勞，自然只看到他們做了多少事，而不會想著可以再多做點事。

因此，老闆的精神壓力和現金流狀況非常重要。這並不是說，這家公司看起來營收很高就一定好，營收很高，老闆不一定賺錢。只有真正到老闆手裡的錢夠多，而且公司業務有其自身優勢，賺錢才會輕鬆容易。例如，一家公司在某個小分類領域幾乎壟斷所有大客戶，那麼至少有好的公司氛圍。

除了氛圍，機會也同樣重要。如果老闆賺錢都那麼不容易，你還想在裡面找到什麼機會呢？**你是一個普通人，需要更多機會來覆蓋你，而不是去當救世主。**就算未來你想在這裡找機會創業，賺錢更容易的公司和老闆，也更適合你研究、摸索、仿效，在一個拚了命也只夠生存的老闆身邊，除了經常挨罵，往往一無所獲。

當整個團隊能用更少的精力創造更多的社會價值，獲得更高的回報時，你能成為其中一環，身價也會水漲船高。畢竟整體所創造的價值大，每一個不可缺少的環節其價值認定也會更大。

很多人看完《西遊記》，以為取到真經都是孫悟空的功勞。這並不正確，不是孫悟空決定了取經的勝利，而是唐僧給孫悟空一個成佛的機會。唐僧是被欽點的取經人，無論身邊是什麼人，他註定要成功；而孫悟空只有選擇唐僧作為合作對象，才能真正展現出更高的價值。

因此在選擇之前，有必要研究一下哪位老闆賺錢更容易。

選對要做的事

在對的領域、跟隨對的老闆，你也得做對的事。很多公司都需要櫃檯和清潔人員，但無論今後公司發展如何，只要你不是團隊裡不可或缺的一環，你就絕對無法賺到錢（有沒有櫃檯、有沒有專人清掃，都不影響業務）。

如果你做的事情是跨行業同標準，那麼這個行業的發展就不會跟你有關係。什麼是跨行業同標準？就是無論在哪個行業，你現在做的事都是這麼做。如果是這樣，你又創新不出新玩法，那你就選錯了事。

所謂對的事，首先，是其他行業的人無法簡單地跨行業直接把自己的經驗轉移到你做的事，這就是你做這件事的壁壘。例如你做一般營運（編按：以擴大市場為目的，優化產品或服務的工作職務，包括內容、活動、用戶經營等面向）、做一般產品，無須具備任何垂直必需的經驗，你又怎麼可能賺到錢呢？因為跟你競爭的不是這個行業的人，是所有行業的人。你的可替代性太強，就意味你的勞動價值很容易被更多人用性價比沖淡。

因此你要選擇需要在該領域長時間專業累積才能做好的事，或許你需要花一段時間才能上手，但這並非壞事。因為你需要的時間愈長，你的競爭者就愈少，你的不可替代性就愈強。

其次，是你做的事必須能夠突破時間和體力的限制。

你的力氣再大，一次也就搬十幾塊磚；你再努力，一天的工作時間也有限。只要你在單位時間內產出的價值看不到指數級成長的希望，只要你無法複製多個分身在同時間一起賺錢，你就沒有辦法賺到錢。

有些人今天服務一個人花這些時間，明天服務一萬個人還是花這些時間，這樣單位時間的產出價值才可以有指數級成長的希望；有些人明明「真身」在做這件事，但同時間他的「分身」在其他地方也能創造財富，服務著別人，這就是複製，複製就可以突破勞動時間的限制。

想要比賽誰更努力，在這片土地上，你永遠不會是最努力的那個。因此你只能在選擇上多下功夫，當你搭上一班快車，你根本不會在乎下面的人跑得有多麼努力。

最後，是你做的事最好有助於你累積行業資源。

我在二〇一六年至二〇一七年時，有了一些名氣，就有一個經紀人找到我，她說會幫我接一些比較大品牌的廣告。她公司旗下有很多我這樣的ＫＯＬ（關鍵意見領袖，Key Opinion Leader 簡稱 KOL），有些有上千萬的粉絲。

那她是如何進入這一行，又如何獲得這麼多人脈資源的呢？她原本是一家大公司專門負責跟各類ＫＯＬ接洽的公關經理，雙方熟絡了以後，就把這些人脈都累積聚集在自己手上。而這家公司業務剛好又是對企業客戶，於是公司本身還擁有很多的大品牌合作單位。

ＫＯＬ跟她混熟了之後，知道她在那家公司，就會向她詢問某些大品牌的公關聯繫方式。原本只是朋友之間的幫忙，卻讓她意外透過公司人脈認識了更多大品牌的公關，而那些公關隨時都有投放廣告的需求。由於市面上流量造假的公眾號太多，公眾號主的分布又太分散，品牌方就會經常讓她根據自己想要達到的效果推薦一批優質的公眾號，進行統一投放。

後來，她就離職專心做媒合生意了，年收入是原來的一百多倍。你沒看錯，是一百多倍。

是她能力特別強嗎？或許在跟人交朋友的技能上比較強，但這樣的人很多，有幾個人能夠賺到這麼多錢呢？因此更重要的原因，在於她利用更大的平台，做累積自身資源的事情。

一個人在工作之餘，是很難花額外時間特別有心地去累積各種行業資源和人脈，畢竟人的精力有限，尤其是在本職工作還特別忙碌的情況下。因此只有你做的這件事本身就能接觸這些優質資源的時候，你才有可能隨時找到越級機會。

那些專門訪談富豪的人，就有很多開闢了新業務；那些專門報導分析投資機構和創業專案的人，自身的創業專案就更容易拿到投資。這就是工作性質帶來的資源紅利，是工作推動你不停地跟這些資源打交道，是公司或組織的光環讓你能夠接觸這些你原本根本無法觸及的資源，於是你就「順便」獲得這些收入以外的最大財富，它們的價值可比收入大多了。

選對服務對象

你在為誰提供價值？這對賺錢來說非常重要。

如果你曾經賣過東西給其他人，不管是貨物還是服務，你就會發現，當你為更有價值的對象提供服務時，你能獲取的回報總是更大。如果回報相同，你付出的成本總是能更少，包括：時間成本、溝通成本、售後成本等，而他們的滿意度往往也是更高。

這是每一分錢在不同的人心中的主觀價值不同所決定。不同的主觀價值決定了不同的回報預期，決定了主觀滿意度，解決同樣的問題，在更有價值的人那裡，就可以產生更大的價值，於是你在其中產生的價值自然就很大；解決相同的問題，更有價值的人覺得少許花費能獲得解決方案非常值得，但自身價值不太高的人就總認為「這些花費對我來說並不少，我得換回更多東西」（關於在更有價值的人的身上做價值增量來獲得更大價值的邏輯，請參考拙作《你懂這麼多道理，為什麼過不好這一生？》）。

為更有價值的人解決問題的確能創造更大的價值，但他們真的願意為此付出更多的費用嗎？如果你提供的商品和服務到處都有，他們不會為此付出更多費用，因此你必須提供具有高附加價值的非標準化客製商品和服務。

非標準化就是客製，也就是單獨一份，沒有比較性。

那些客製化的東西為什麼能貴上好幾倍？客製真的讓東西的價值增加那麼多嗎？當然不是。雖然對錢更不在意的人不會為一模一樣的東西付出更多費用，卻喜歡為「提升一點點」、「特別一點點」付出遠超過性價比的費用。例如，一次標價十塊錢的服務可以打九分，但只要你將服務品質和價值提升至九．五分，他們就願意付一百塊錢，因為十塊和一百塊對他們來說差別並不大。他們願意付更高的費用享受更好的，他們擔心的只是給十倍的錢也沒有更好的，但一倍和十倍對你而言差別就極大。

因此你的服務對象最好是自身價值更高的群體。為他們提供非標準化客製服務時，你只需專注於提升服務的細節和品質。看似每次付出極大的努力都只是提升一點點，但此時每提升一點點都能獲得更高比例成長的收益。那些在一般人看來沒有性價比的東西，在其他人看來卻有更高的性價比，此時你的每一點改進才更有意義。

如何快速找到賺錢的門路？

由於我取得了微小的事業成功和投資成績，很多人都在不同場合問過我「怎麼賺錢」。他們大都覺得自己並非不想努力，只是苦於找不到努力的方向和門路。

這樣的人在人群中占比多少？非常大。想出人頭地是真的，願意為了出人頭地付出辛勞也是真的，但你會為了出人頭地付出可能無用的成本嗎？不太會。因此很多人其實沒那麼想賺錢。

賺錢的門路並非想出來的，而是試出來的。每一個人都有自己獨特的環境，有自己獨特的本領，有自己獨特的背景，「去哪裡賺錢」也不存在一個放諸四海皆準的答案。舉個例子，你讓我去海外任何一個國家，做需要當地特殊牌照的生意，我就不行，但我有朋友就參與了很多類似的生意，每年都有不少分紅；再舉個例子，我能得到某些合作機會，是因為對方需要我的腦力、經驗和流量，但對方不一定會邀請你。

每個人都有自己獨一無二的條件，需要量身打造，如果我說某條門路適合所有人，而這本書又賣了一百萬冊，那麼這個原本賺錢的地方也會立刻變得不再賺錢。只有你最了解你自己，你最知道自己的環境，靠你自己的智慧和不停地嘗試，才有可能找到那件最適合你的事。

如果你覺得自己能做很多事，那該按照什麼樣的原則去挑選和嘗試呢？在你覺得自己可以嘗試的事情裡，挑選你目光所及賺錢最快、最容易、最遠的事，並立刻開始，逐一嘗試。

以上提到三個點：賺錢最快、賺錢最容易、最遠。

賺錢最快、賺錢最容易，是讓你能在最短時間內得到一些鼓勵性的回報，這樣你就更容易深入。那最遠是什麼？即使網路讓資訊傳播的效率較過去提升了無數個等級，但依然是遠遠不夠的。世界很大，愈遠的服務模式搬過來，以你為中心能擴散到的用戶群體接觸過的機率愈小，你就愈容易成功，人人都沒聽過小紅莓主唱桃樂絲時，聽聽王菲的唱腔就很新奇；人人都沒用過ＩＣＱ時，用用ＯＩＣＱ就很有意思。

因此要選就選賺錢最快、賺錢最容易以及最遠的。此時你無須考慮如何超越，你只需模仿，對方怎麼做你就怎麼做，當你進入一個陌生的地方時，這種嬰兒式的學習正是最高效的方式。

很多人喜歡一上來就揪出別人的一堆問題，然後嘗試在各方面進行改進和超越，總覺得自己可以改變行業、改變領域的玩法，這非常不聰明。在一個你不懂的地方，必定有你目前不能承受的坑，而且絕對不只一個。別人不這麼做的原因可能不是想不到，而是一種取捨，而你之所以認為那些都可以改進和超越，是你對這裡了解不夠深入，所以考慮不周而已。

因此在不違規的前提下，你只需將對方的模式全盤拷貝就可以了，如果真的要創新，最好不要超過一個點。

剛剛說的是你能找到很多自己能做的事，那如果目光所及並沒有特別賺錢而你又能嘗試操作的事呢？只有一個方法：去花錢。

只要你不停地花錢學習，帶著生產者思維去花錢學習，去付費體驗那些可能跟你有關的服務，就一定能找到自己能做的事。付費對有些人而言只是付費，而對另一群人而言，意義完全不同。想要找到適合自己的賺錢方式，先要找到值得自己付費的事。如果一個人認為付費給別人是不值得的，那麼他就一定找不到自己能收費的服務。道理很簡單，換位思考後，他也找不到別人會付費的理由，自然就找不到屬於自己的服務價值。

我在提供圖書的解讀服務之前，購買過一個類似的服務，因為我覺得這樣讀書很符合《少，但是更好》（*Essentialism: The Disciplined Pursuit of Less*）裡的原則，信任對方的解讀，將一個月的讀書時間壓縮成二十分鐘，然後用其餘的時間做更重要的事，獲得更多產出。

但現實的狀況是，解讀者的水準令我難以接受。如果我吸收的內容是被水準較差的人所咀嚼過，是不是代表我可能就吸收了很多錯誤的知識呢？而我顯然可以替代其中的一環，那就是解讀。於是替換了核心競爭力之後，其他全盤仿效就行了。

在這個過程中，如果我不嘗試付費，那我如何找到新的服務模式？如果我打從內心不認同這種服務的價值，我怎麼會有信心為別人解讀？

一個人只有先讓別人賺到錢，才有可能讓自己賺到錢，因為想賺錢的人必須親眼看看別人是怎麼賺錢，截長補短。如果你聽到「付費」兩個字掉頭就跑，那麼顯然就失去學習如何更好地提供付費服務的機會。久而久之，你的思維會閉塞，靈感會枯竭，那種「看到別人的服務立刻就能聯想到，是否可以用熟悉的另一種商業模式進行融合改進」的腦袋，會離你愈來愈遠。

網路公司在招募人才的時候，通常會有一個條件，就是「網感好」。什麼是網感？很難定義。但只要一出口、一打字，你就知道這個人有沒有網感，那是一種跟目標使用者的思維和習慣的契合度。

我們以前經常看到各類媒體批判沉迷網路的年輕人，但如果你的賺錢模式在當下或未來離不開網路，你不曾沉迷，又怎麼能知道什麼規則和模式能讓其他人沉迷？所有優秀的規則設計者，都是這個規則或類似規則的受益者或受害者。

我有個習慣，那就是無論花費金錢還是注意力，第一時間不是關注內容，而是關注為什麼對方能收費，不可替代性在哪裡？為什麼能吸引我，文案戳中我的點在哪裡？這裡的人需要的是什麼，我又能在這裡提供什麼價值？

大多數的時候都是無功而返，但這是一種習慣，也是一種練習。我們可以在某些時候表現為消費者，但想賺錢，在任何時候、任何地點、任何環境之下，不管是否作為消費者，都必須把自己定義成潛在的生產者。

因此很多人問，我怎麼找不到賺錢的方式？那是當然的，因為很多人本來就沒見識過多少種賺錢的方式。

年收入五十萬以下的策略

如果你目前年收入在五十萬元以下（編按：原書為十萬人民幣，匯率換算約四十五萬台幣，本文內容可供年收入五十萬以下的讀者參考，對照二〇二一年台灣薪資中位數為五〇・一萬元，亦具參考價值），希望找到一些賺錢的方法，來提高收入，前文所提找到快速賺錢的門路，或許會對你有一點點啟發。接下來我想讓這個念頭在你的腦袋裡再深化一下。

這樣的年收入並不一定算差，只不過這樣的收入，財富的加速效應在你身上很難有所表現。如果你把扣除吃穿用度之後的錢拿去投資，由於一開始本金過小，收入過慢，至少在財富上是難以走入上行的快車道。

當然就算如此，你還是要學習投資並嘗試投資，這是我們下一章的主要內容。現在你還有更重要的事，就是讓自己變得「值錢」，這也是投資，只不過這個階段最重要的投資對象，一定是你自己。你的思維、你的眼界、你的社交圈、你的資源，這一切都遠比其他投資收益重要得多。

創造財富成長有兩種手段：手段一，出賣勞動；手段二，用財富增加財富。

如果你一直只能使用手段一，或被迫只能以手段一作為你最主要的財富增加方式，那你的財富成長速度是很難有突破性的提升。只有手段二的比例漸漸增加時，財富才有突飛猛進的可能性，當然手段二的比例增加不代表要放棄手段一，兩者可以同時發揮作用。而最佳狀態是對於手段二的收益來說，手段一的幾乎可以忽略不計，此時你就進入到了一個新的階段。

在我成立的「上行部落」裡，有一位名叫文文的深圳女孩，她在二〇二一年一月二十一日下午在交流群裡做了一次分享。她在過去的一年裡，共賺取一千多萬元人民幣，自己做生意的收入占百分之五十（創富能力已經很優秀），來自房產和基金的資產收益又幫她完成了剩餘的一半。但她如何能用到手段二？還得在手段一的創富能力上先突飛猛進才有可能。

一個人在只能使用手段一的狀態下徘徊愈久，跟可以同時使用兩種手段的人的差距就愈大，因為錢和機會都有「複利」。如果一個人在五年後才能達到文文現在的狀態，顯然這五年的資產收益差距，是難以透過手段一來彌補。

因此盡快擺脫「年收入五十萬元以下」的狀態，遠比拿微薄的可投資資產進行增值重要得多，投資可以學，也必須學，拿一萬元還是二萬元出來投資並沒有多大差別，反正都是以學為主，增值為輔，但多出來的一萬元是否能用來投資自己，那就差別很大了。

此時一定會有讀者疑惑：我本來就沒錢，你還讓我花錢？是的。但這不是消費，你別忘記，這是投資，投資你這個人在未來的創富能力。

就像這個「複利曲線圖」，這是一條標準的複利曲線，在X點以後，這條曲線的斜率才有明顯的變化，而在X點之前，由於本金太小或自身能力太弱，獲得機會太少，就一直處於緩慢累積的階段。你覺得這段a時間真的有必要嗎？一直都有人說，複利曲線非常神奇，你只需要每個月投入多少錢，多少年以後就有上千萬元甚至上億元資產。聽聽是很令人心動，但如果真的仔細計算，你會發現前期進展非常緩慢，到了後期由於本金變大，滾起來的絕對值才會快。

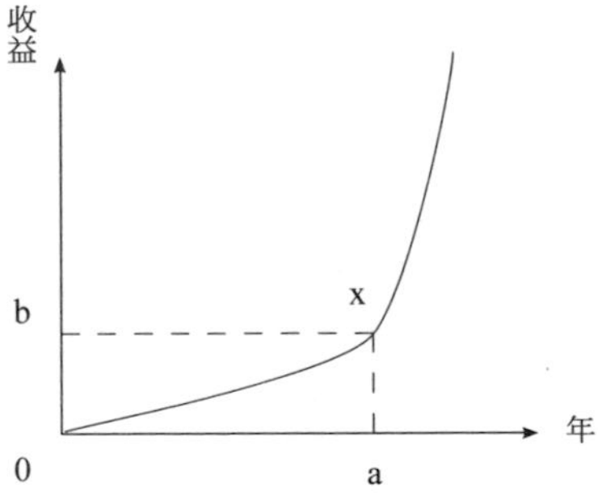

複利曲線圖

既然如此，為什麼我們必須經歷a階段？整個a階段耗時如此之久，一共才增加了b收益，我靠提升自己單位時間的價值產出能力，讓自己變得更值錢，然後直接從X點開始不行嗎？直接從複利曲線的後半段開始當然可以，而且這本來就是最高效的方式。

很多人信奉積少成多。積少成多是正確的，但要知道什麼時期的累積才最有性價比。你能見到的有錢人幾乎都是突然有錢的，不管是做成什麼事，還是得到難得的機會，絕不會是用很少的本金開始讓雪球以平均的速度滾大。

每一個普通人都會有自己的創富上限，愈接近這個上限，想靠勞動提升創富能力就愈艱難。例如一個人年收入五十萬元，那麼以一般人的智慧、努力、運氣，就還有很大的創富空間，這時候投資在創富能力成長的進步空間上就很有價值。但如果一個人已經年收入五百萬元甚至更多，就已經接近一般人靠勞動創富的上限，這時候再投資在進步空間上，價值就很有限。本金的累積提高之後，滾雪球的收益才會慢慢超越已很難再繼續進步的勞動收益，兩者之間需要權衡。

因此當你本金還不多的時候，每一分錢都應該盡量花出去，接觸更廣闊的創富思維，追求更強的創富能力，只要有機會就要學習和嘗試。

這裡的機會指的不只是你現在工作上的機會，還包括所有能讓你打開更大視野、擁有比現在更好可能性的機會，即便只是一點點也不能放過。例如一個投資機會、一個學習機會、一個考察機會、一個跟成功人士交談的機會、一個在重要場合露臉的機會、一個參與專案決策的機會、一個副業的機會、一個為別人提供服務建立口碑的機會、一個複製賺錢模式的機會……都不要錯過。

只要有回報更多或開闊思維或提升單位時間賺錢效率可能性，都值得花錢嘗試。你完全不需要關心哪一分錢有所回報，哪一分錢尚未回報，你只需關注宏觀整體，只要在一處獲得大回報，就有機會擺脫只能選擇手段一的狀態。而這又往往涉及運氣，也就是說某些你認為希望很大的事可能最後沒有回報，而你認為希望不大的事倒有可能收到回報。因此絕對不能為希望很大卻沒收到回報的狀況動搖，要不停地「播種」。只要思維同步跟上，一次收益往往就能改變一生。

如何拓展自己的賺錢技能？

在尋找賺錢機會的過程，我們一定會看到很多有致富可能性的事，但由於自身條件不足，只能作罷。於是很多人就想在平時累積一點有用的賺錢技能，萬一機會突然降臨，就不必只能遠觀。然而技能如此之多，又不知道未來會發生什麼，以及什麼樣的機會會落在我們身上，那麼什麼樣的技能才更有價值呢？畢竟我們的時間和精力有限，不可能看到什麼就學什麼。

我在此給出五點學習原則，某些技能或許在不同的原則裡互有衝突，但這都不重要，至少符合其中一項就值得我們考慮，當然符合愈多點就愈值得立刻學習。

實用需求原則

無須主動尋找技能，也不必聽別人的介紹，看看你的工作和生活，看看你想做的副業，看看你所羨慕、試圖模仿、摩拳擦掌準備行動的賺錢模式，缺什麼就去補什麼。

技能和知識一樣，在我們遇到缺口之前，都很難發現自己缺什麼，很難發現自己需要什麼。如果現在有人問你「你缺什麼技能」，你可能會一頭霧水，你只能說出自己擁有什麼，但說不出缺什麼，因為每個人缺的東西都太多了，而只有當你要應用的時候，才會意識到自己缺少它。

本著實用的原則，如果你發現做某件事前需要先了解或擁有什麼，你就優先學習掌握它，不需要多麼精通，只需花少量的時間學習，能夠完成自己想做的事即可。由於要完成一件事通常需要很多細瑣的小技能，只要你沒有養成看到事情缺一環而暫時無法完成就放棄的壞習慣，就能不知不覺間掌握很多技能。

最短時間原則

如果有個技能是你可以立刻掌握，無須花費太多時間，我建議你馬上學會它。這樣的技能可能是你現在所需要，也可能不是你現在就能用到，但因為學習成本很低，對於抓住未來的機會也可能有一定的幫助，那就先備上。

很多人以為機會降臨的時候一定是需要某個完整、掌握得很好的技能才能夠配合得上，其實完全不是這樣。抓住機會大都需要組合技能，缺一不可，因此很有可能你掌握的技能雖然不是開啟機會需要的主技能，也無須精通，但必須作為主技能的輔助而存在。

因此在超低成本的前提下，「不知道有沒有用」的技能愈多愈好。例如我自學鋼琴，雖然指法和手型都不太好，但都不重要，我既不考檢定也無意成為大師，只要能即興彈點小曲就可以了。在某些社交場合發現有架鋼琴，能讓大家把目光和話題聚到你身上，或能對現場的氣氛有一定的烘托作用，這個技能就完成了它的使命。

同理，我花半個小時看影片學會了速解 3×3 魔術方塊。為什麼不學呢？雖然這不屬於什麼賺錢技能，但有時候就能用上，例如當你的某個大客戶的孩子無法還原它的時候。

通用原則

有一些技能就是比另一些技能的應用場景多，有一些技能跟其他技能的組合率就是會比另一些技能高，這是正常的。因此在其他原則的符合程度都差別不大的前提下，我們當然該優先掌握那些應用場景更多和組合率更高的通用技能。

例如公開發言的能力，在很多領域就會決定你的影響力能否更進一步；例如語言藝術、溝通技巧，就會在各方面影響你的成就上限；例如邏輯思考工具，會深刻影響你的所有決策。

這些技能是不是跟你心目中的技能不太一樣？在很多人心中，只有 Photoshop、英語、Python 等「硬技能」才算技能，或許連寫作都算不上「硬技能」，畢竟很多人並不覺得寫作是個需要專門學習的技能。

但通用技能之所以通用，正是由於「軟屬性」居多。對於軟技能，人人都不會是零基礎，多少會一點，因此更容易忽視，但其實這些才是真正需要精進的技能，因為任何場合都是其應用場景，任何事的結果跟這些技能組合得好壞有關。

這些通用技能都在哪裡？在你每次跟別人對比時，發現硬技能差不多最後卻都失敗的總結裡；在你每次想更進一步，卻發現自己「又是這方面不行」的現場感受裡；在你的決策總是沒有獲得足夠滿意結果後的自我反思裡。

離錢近原則

當技能轉化成金錢的時候，是有層級的。舉個例子，你是一個育兒部落客，你覺得家長會為學習育兒方法花多少錢？預算一定是很低的。

因為把孩子教好，再到孩子成才，再到賺錢，中間有很長的鏈條，每一個環節都有不確定性。把孩子教好不一定就能成才，成才不一定就能賺多少錢，這就是鏈條傳遞的損耗。除此之外，還得自己努力學習，付出足夠的辛勞，顯然這樣的性價比就非常低。

但如果你是一個房產部落客，大家只要跟著你去看房買房，就能選到增值空間特別高的房子，你覺得大家願意花多少錢？絕對是極多的。因為看對了房直接就能拿到收益或避免損失，而且涉及的金額大，又不需要付出長期的辛苦努力。同理，受歡迎的還有其他指導投資類的部落客。

這些人未必能帶著其他人賺大錢，但人們就是願意在他們身上花錢，因為他們跟錢之間的距離最短。人們只需信任他們，而無須承擔鏈條傳遞中的損耗。

有個組織叫做下注華爾街（WallStreetBets，簡稱 WSB），其實就是 Reddit 上的一個群組，裡面聚集了大量風險偏好較高的散戶。在二〇二一年初，發生了多起由這些散戶聚集起來「狙擊」某些標的，不斷推高各類投資商品價格的事。如果你恰好是WSB群組裡的某個意見領袖，你在裡面比其他人更懂投資，而不是在某些育兒群組裡比其他人更懂育兒，那麼顯然你在跟大家分享看好的某個標的時，群體的力量會將其價格推高。而由於你進入最早，因此獲益也就最多（你只需正常分享自己確實看好的標的，而非刻意讓其他人接盤）。以上並非假設，一些WSB的意見領袖靠這種方式賺到了幾千萬美元，而如果你想在別的領域用「出售知識」的方式賺到這些錢，幾乎不可能。

因此在其他條件均等的前提下，選擇打磨賺錢鏈條最短的技能，累積在該領域的影響力，肯定是不會錯的。

相關性原則

如果你並不想多一門副業或在其他職業方向上進行探索，只想在原本的領域和本業進行擴展，那麼你更應該關心的是跟你配合度最緊密的同事，仔細觀察他們擁有哪些技能。

例如跟產品配合最緊密的，既有後端和前端的開發，也有演算法工程師、營運、UI設計等技能，如果這些技能你都會，本身又有某個產品開發核心的能力，那麼你就具備了一個高薪產品經理的潛能。因為你在開發時能夠優先以其他思維排除很多不切實際的規劃，同時你又懂其他跟你配合的同事的語言，能夠大大降低工作配合中的資訊摩擦。

如果你是一個經營短影音的人，你最該掌握的是什麼技能？當然不會是類似Python這樣跟你不太沾邊的技能，而是根據你自己的需求來定，例如剪輯、拍攝、寫腳本、分鏡技術、表演等都需要你去精心研究和掌握。任何一家公司要建立短影音團隊時，無論前期缺少哪一個角色，你都能頂上，那麼你自然就會優先成為負責人。

因此多關注跟你配合最緊密的同事，跟其中一些人成為好友，然後多找機會向他們請教，學習他們的職場技能，這才是真正的職場高手。

當你找到符合這五點原則其中一項或幾項技能，並初步掌握的時候，還有一件事要記住，那就是盡一切努力立刻承接相關的工作任務，並將其應用到實際工作之中，或盡量在當下就花時間搜尋相關資料，找出一種適合自己的服務方式，立即用它來為其他人提供服務。

初期技能變現的錢通常並不多，雖然這並不意味我們迫切需要賺這筆錢，但這種變現的意義遠大於該項技能可以變現的金錢。

首先，只有用技能來賺錢，你才能真正鞏固這項技能。

我曾經花時間自學 Photoshop，但由於長時間沒有練習，早已忘得一乾二淨；我小時候也跟著音樂老師學過鋼琴，但當我二十多年後開始自學時，就像一個新的學習者。只有我們每天都用它來輸出價值，我們對它的熟練程度才會愈來愈高，它也才會真正屬於你。

其次，別人願意買單，是「適合繼續下去」的最好證明。

如果你的服務乏人問津，那就表示它在當下還沒什麼價值，或是你還沒找到應用它的角度，又或許它就是不適合你。為自己的服務找到買單的人非常重要，即使客戶群體再少，也表示它有需求，是能夠持續下去的極大動力。否則，你永遠無法區分是自己做得還不夠，還是它根本就不能拿來賺錢，也就是說它的應用可能是個偽需求。

最後，從小錢向大錢的裂縫口，一定是慢慢撕開的。

如果一項技能不能用來賺小錢，幾乎不太可能一下子就能賺上大錢，因為任何領域都只有在深入之後，才能發現機會。如果你希望有一天某個技能可以幫上大忙，甚至成為你的副業，改變你的人生軌跡，那就一定得在它被你掌握之後（無論是否熟練），立刻找到一個切入點，用它來為其他人提供服務，千萬不要等到自認為「很厲害了」才開始，這樣你就永遠無法開始，因為光是靠學習理論，你永遠無法變得「很厲害」。

增加理論經驗，遠不如在實踐中完善，而賺到錢的實踐正是更有意義的實踐，這種直接、即時的回饋才是真正有所助益。

為什麼你必須賺新錢？

無論你是否承認，以一般勞動報酬計算，平均而言，年紀愈大的人整體報酬愈低，除非是之前就已有所累積，或可以用資產作為主要的財富增值手段。

老人相對於年輕人擁有更豐富的工作經驗，在自己的領域內或許還有更高超的工作技能，但作用似乎並沒有那麼大，因為年輕人賺的是新錢。

所謂新錢，指的是新創造出來的財富。縱觀歷史，只要個人或團體擁有創造貨幣的能力，就一定會創造，差別只是對於創造新錢的欲望是否有所克制而已。

創造新的貨幣，會使每個人手中的貨幣購買力減少，讓商品和服務的整體價格提升。這樣你家裡的貨幣就等於被挖走了一塊，但如果你同時在為其他人提供產品和服務，在其他條件不變的狀況下，你單位時間賺取的貨幣數量就會增加。

可是這種增加並非對所有人都有同樣的效果，它就像漣漪，有自己的層級。漣漪最中心的位置，是最先拿到新貨幣的機構或組織，例如一個國家在政策上要扶持什麼，就會把新貨幣投放在那裡，然後新貨幣就會以其為圓心向外擴散至整個社會。相對而言，誰是圓心、誰離圓心近，誰拿到的新貨幣就多；而誰離圓心遠，能分到的新貨幣就少。

同時，社會上還有一些像黑洞一樣的領域，那是能夠大大提升社會效率的行業，例如網路之於實體、金融科技之於傳統金融、新媒體之於傳統媒體等。凡是出現大幅度效率改進或社會變革，所有「聰明貨幣」（由聰明人管理的貨幣）都會被吸引過去，畢竟錢會自動長腳去尋找更高的回報。

如果你剛好在政策扶持的領域提供服務，那就是運氣好，能拿到新的貨幣紅利，這些產業的員工往往收入更高一些，老闆也更慷慨。但如果不是，那麼主動進入黑洞領域去貢獻自己的價值是一個不錯的選擇，這樣被「黑洞」吸過來的新貨幣才能更快地向你而來。賺新錢，不只是為了提升賺錢的效率，更是努力讓自己處在一個對適應未來更有利的環境。一九七〇年以前出生的人很難在網路上賺錢，因為他們的成長環境不在那裡，他們很晚才使用智慧型手機，很晚才會使用微信、淘寶，更不用說使用叫車、外送App了。因此當新的平台革命來臨，甚至可能只是出現一種基於網路發展的生活方式，他們跟上的步伐必定不夠快，因為他們的學習成本會因為「一步慢、步步慢」而變得愈來愈高。

一九八〇年以後出生的人則完全不同。對他們來說，網路就像水和空氣一樣自然，因此在網際網路的新領域當中，他們的學習成本更低，也更容易賺到新錢。但同樣的，如果他們不嘗試在更新的領域賺錢，他們對新產品和新模式的理解就不會深入。每一次放棄參與，下一次的學習成本就會提高，導致再下一次就更不可能參與。

在我身上有兩個完全相反的案例。

第一個案例是短影音創作。我正式開始創作短影音是短影音風靡很久之後的事情，其實我是抖音等短影音平台最早一批的使用者，但由於影音跟文字是完全不同的表現形式，出於不想花過多精力補齊知識和技能漏洞的惰性，就錯過最好的試錯和累積時機，以致後期基於短影音的所有衍生模式都難以參與其中。

第二個案例是關於我的公司業務。我的其中一家公司一直在某個新領域深耕，即使之前一直虧損，但我始終相信這間公司做的是有前景的事，於是這麼多年來始終保持對最新技術、最新模式、最前沿知識的探索和嘗試，這些最終融合在一起形成了一定的知識和技術技能。二〇二一年剛好遇到一件只有我們能做的事，公司也因此一鳴驚人。其他公司難道沒看到這個機會嗎？看到的人很多，但沒有前期不停地試錯，沒有前期在行業技術各方面的累積，就不可能抓住機會。這就是始終保持賺新錢的另一個意義，當更新的機會來臨時，你的學習成本最小，對機會的嗅覺更敏銳，啟動速度也更快。

什麼時候可以選擇自行創業？

二〇一七年，我放棄很多人眼裡穩定高薪的公務員工作，決定辭職創業。

寧波的公務員收入在中國公務員收入排行中位居前列，加上公積金和各類獎金計算，每年收入在三十萬元人民幣以上。無論是橫向還是縱向對比，都算很不錯的收入，而且比其他產業穩定。看到這裡或許有人會為我惋惜，畢竟世事變幻無常，若是有朝一日後悔，想再進入體制已不可能。當然，也一定會有人為我喝采，覺得我很有魄力。

但其實這些都沒有必要，因為我已經在離職前將後悔的風險壓縮到最低。如果你了解我為離職鋪墊的一切，你會發現這個決定也沒那麼有魄力，我先為自己打造足夠的安全墊，或許這不像傳奇人物的決策那樣有故事性，卻是一般普通人最應該複製的理性行為，尤其是需要放棄一份當初幾百人錄取一人的工作時。

很多成功學導師教我們要拚，要放棄安穩，要盡量去做收入無上限的事。當然，最成功的那些人幾乎都是這樣，否則他們就到不了那個位置，但他們的成功並非純粹的實力超群使然，更多的是被命運選中。如果你跟他們實力相當，也做了同樣的選擇，你極有可能比現在的安穩狀態更差，我們不能總盯著成功者，而忽略同樣的人做了相同的選擇後卻更加落魄，這些才是「沉默的大多數」，由於他們不在聚光燈下，因此看不到他們龐大的基數。

所以如果你想自行創業，一定不能拍腦袋做決定。很多年輕人會因為「心裡不舒服」、「想體驗創業」、「世界很大，想去看看」等理由辭職，而辭職之前甚至都沒有準備好「過冬」的餘糧，或者為創業做過任何準備。

被情緒牽著走，幾乎已經註定了失敗。自行創業是有前提的，一個人要放棄一份安穩而優越的工作，轉而追求天花板更高但不確定性更大的收益，最好滿足以下三個條件：

第一，在創業之前，你已經透過這件事持續獲得不錯的收益。創業的不確定性會在什麼情況下被壓縮到最大限度？就是你將它當成副業，在閒暇時間持續賺到超過你現在主業的收入。即使寧波的公務員收入處於城市中上或前端區間，但我業餘時間的收入已經遠超過公務員收入，直到對薪水入帳都不再有期待感，這就是一個轉型訊號。這裡有兩個重點，一是超過主業，二是持續收入。你不能把偶爾拿到的一筆集中收益跟主業的常態穩定收益相比，收益要先穩定，才能夠被確認。

很多人只憑想像就覺得「某件事可能很賺錢」，甚至看到自己的老闆做某件事貌似很賺錢，就辭職自行創業。但是在尚未深度參與之前，你永遠不知道一件事的內部結構有多複雜。

只有當你已經嘗試一段時間，而且持續的收入讓你起碼確定在轉型之後，至少在長時間裡不會比現在差，才能開始考慮。

第二，自行創業之後，多出來的時間更有價值。

有人認為只要自行創業收入大於過往的主業收入即可選擇創業，就能夠不必忍受現在不那麼喜歡的環境。

不，還不夠。當你確認獨立門戶後的收入大於主業收入時，只是出現符合自行創業的一個條件，不一定就是最佳的選擇。例如你現在同時擁有副業和主業兩份收入，雖然副業收入已經超過主業，但兩份收入始終大於一份。

自行創業是為了讓時間更有性價比。在需要顧及主業，導致業餘時間的收入減少，且減少的比例大於主業報酬的情況下，我們才可以說選擇自行創業是為了讓時間更有性價比，而不是逃避一份工作，或者逃避一種心情。

而有些人的業餘時間收入上限明顯，每天花四個小時能賺三百元人民幣，但就算花上八個小時，最多也就三百五十元人民幣。此時放棄主業就不理智，因為單純從計算收入的角度來看，多出來的時間並未產生更大的價值，而是純粹讓一份原本更高的時間價值化為烏有。

第三，自行創業之後，能以最小團隊創造出最小盈利模型。

想要盡量消除自行創業的風險，最好做到兩件事：一是你可以真正一人創業，也就是你自己就能完成所有事。如果要雇人，大多不是因為自己做不來，而是為了更大的收益。二是要做的事有一個必然能賺錢的最小模型。如果你創業前期不賺錢，只能是出於自己的主動選擇，而不是只能接受不賺錢。

如果能同時滿足以上兩點，那麼自行創業幾乎就是相對穩當的選擇。這時候你選擇自行創業，在外人看來或許很有魄力，但你自己清楚，其實你根本就沒有冒險，那只是一個水到渠成的選項。多年之後，很多人以為你賭對了，但真實的情況是這其中並沒有什麼運氣成分。

用別人的精力幫你賺錢

即使要有自己就是一支隊伍的準備，但光靠自己賺錢絕對是低效率的。這不是說每個人都必須自己當老闆、非得雇人才行，恰恰相反，你可以仔細看看剛才列出的自行創業條件，其實自己負責全部的財務狀況非常困難，可以說大部分的人都不適合。

創業對大部分人而言，只會讓自己的財務狀況更差，多數人都只適合在別人負責財務狀況的前提下成為其中一環。

那什麼叫用別人的精力幫我們賺錢呢？

你覺得在什麼樣的情況下，人才會拚命做事？必然是他在為自己做事的時候。那他為自己做事和我們又有什麼關係呢？因此我們就必須努力讓合作進入一種「他做的事裡絕大部分是給他自己的，少部分才是給我們」的局面。

我們知道很多大企業都有決策效率低、官僚問題嚴重、人浮於事、熱衷於做表面功夫等問題，可是我發現有一些大企業幾乎沒有這種情況，它們是怎麼做到的？

這樣的大企業往往是將公司分解成一個個小組織，每個組織給予一定的自主權，也共享一定的激勵收益。大企業本身有不可替代的資源和品牌優勢，這麼一來就等於每個組織都可以憑藉品牌和資源，跟其他團隊和個人進行自主合作以及利潤分享，而不再是絕對從屬和集中管理的關係。

大企業如此，個人也是同樣道理。如果你希望更快地擴展你的收益，那就得盡量跟更多人合作。每一次的合作，如果你希望合作者會為了你們共同的利益而拚命奮鬥，就必須讓對方為自己的利益而戰，如果一項合作是必須讓你付出大部分精力，那麼即使你可以拿到大部分收益，卻也無法再分神進行另一項相同等級的合作。

因此在合作中讓利、讓權，看似吃虧，實則是拿別人的精力和智慧來為自己創富，讓對方為了百分之八十的收益而付出百分之百的努力，而你則可以憑藉同時能夠駕馭的合作數量獲得總勝利。

當然，能這麼合作的前提也和大企業一樣，你自己擁有某些不可替代的價值，這種價值可以是連帶保證背書，可以是影響力，也可以是資源，總之找你合作是對方利益最大化的最佳選擇，而這種價值只需用到你前期的累積，而無須你在後期持續地透過勞動產出，前者可重複使用、疊加，後者則不可以。有了它作為利潤分享的基礎，加上好的合作框架和優秀的合作方，才能避免被提供更多勞動價值的合作方拋棄。

那些總想著自己拿走大部分利潤的人，通常精力就只能顧到一件事，事情一多，就樣樣都做不好。道理很簡單，如果大部分利潤都是你的，別人又憑什麼全力以赴呢？尤其是起步期，如果沒有人全力以赴，那失敗的機率就會大很多，而你又怎麼可能同時在很多事上耗費更多精力呢？必然會處處失敗。

有些地方看似占便宜，實則限制了自己的創富步伐；有些地方看似吃虧，實則是在拔對方的羊毛，一切都在於你以多宏觀的視角和格局去看待。

你的員工應該是個系統

關於如何讓錢生錢的問題，我們將在下一章集中探討，本章的最後，我希望每個人都可以建立「讓不同種類的系統為我們工作」的觀念。

我在很多年前的一次實體分享會中，講過這樣的一個故事：

有兩兄弟，住在一個缺水的村莊裡。

哥哥每天要去很遠的地方來回挑水很多趟，一部分自用，另一部分賣給村裡人，日子過得還可以；弟弟就不同了，每天除了挑水自用以外，剩下的時間不知道在幹什麼，日子過得很不寬裕。

村裡人都覺得哥哥比弟弟勤快，直到有一天，弟弟突然不需要再去挑水，就有源源不斷的水可賣。原來弟弟將剩下的時間都用來挖渠了，渠挖通了，水就會二十四小時免費為弟弟工作，給他帶來源源不斷的收益。

但這還不是重點，重點是弟弟依然沒閒著。由於第一條渠已經能自動供水，不必為生計發愁的他開始打造第二個「自動化賺錢系統」，而且這次他

不必再拿出一半的時間挑水自用，因此打造出第二個自動賺錢系統的時間更短。循環往復，最後坐擁愈來愈多下金蛋的母雞。

哥哥並不比弟弟懶，但哥哥模式和弟弟模式在最後的結果卻有天壤之別。這個社會的運轉模式，並不是如有些人想像中的光是勤快就能收到更高的回報。哥哥賺的是踏實錢，弟弟賺的也是踏實錢，差別只是思維罷了。有能力的人總能將各種單一的元素整合成整體的系統，然後讓它們成為自己的「員工」。

這就是財富的大祕密。任何涉及賺錢的行動，最終都必須圍繞這樣的思維來進行，否則就無法真正賺到錢。

如果你曾經創業，而且雇傭過幾十人以上，你就會立刻意識到這一點，如何解放自己的精力？唯有讓所有部門都自動運行起來，否則就算你整天都在忙管理，也無濟於事。有多家公司也是如此，只要有一家公司無法獨立自行運作，你就根本不可能經營好這家公司。而自行運作最重要的條件是什麼？是機制、規則。

如果你期待最優秀的元素湊在一起就能自動把事情做好，那你肯定沒有真正打造過系統。系統的目標是分配和協調，不只分配任務，也分配利益；不只協調系統最大輸出，也協調處理系統矛盾。當系統建立者找到系統各元素都認同的規則，而且規則中的勝利和系統的整體目標一致，一個自行運作的系統才算打造完成。

我在創業的前幾年管理三家公司，幾乎每一項業務的細節都親力親為。雖然有些產品在小眾使用者之間口碑不錯，但這對於創業而言幾乎沒有用，因為當你在大局競爭上落後於對手時，這些小眾用戶堅持不了多久就會捨你而去，跟「就算你再喜歡QQ，如果所有的聯絡人都用了微信，你也只能用微信」是同樣的道理，最終算是全面失敗。

在之後的幾年間，我花費很多精力去整理幾家公司的架構，決定只專注一項業務，其他該給合夥人的給合夥人，該放棄的放棄，最終神奇的事情發生了，在一項業務自行運作後我順理成章地開啟了下一項，然後出現當時沒能實現的場景，先做減法，讓減法留下的自行運作後，再慢慢做加法，居然實現了多個系統良好並行為我工作的目標。

原理是相通的，接下來我用同樣的方式整理了我的資產，讓它們一個接一個地成為二十四小時正現金流的賺錢系統。當然我的「員工」還包括每一本暢銷書持續銷售的版稅和影響力收益，能夠自行運作持續不斷獲得平台流量的電商業務，作為各家公司股東帶來的分紅收益等等。

這些都是需要先做減法，再做加法，是一個接著一個慢慢打造出能夠自行運作的系統，因為只有先出現幾乎不需要我的任何勞動介入的系統，才能讓我安心投入下一個系統的打造之中。

我還在繼續勞動，但基本上我只會為打造新系統而勞動。人們都應該想辦法擁有一隻又一隻無須餵食的母雞，而不是雞蛋。

上行清單

- ☐ 01 上行是整體能力的提升過程，「賺到錢」只是一個綜合結果。
- ☐ 02 人的欲望滿足，最好以不降低資產等級為限。
- ☐ 03 只要在耐心、耐力能夠觸及的範圍內，牆愈高的事，愈該成為我們的選擇。
- ☐ 04 團隊以更少的精力創造更多的社會價值，獲得更高回報時，只要你是其中不可替代的一員，身價就會水漲船高。
- ☐ 05 你的服務對象最好是本身價值更高的群體。
- ☐ 06 只要帶著生產者思維不斷去付費體驗那些「可能跟你有關」的服務，就一定能找到自己能做的事。
- ☐ 07 當你本金還不多的時候，你的每一分錢都應該盡量花出去，接觸更廣闊的創富思維，追求更強的創富能力，只要有機會，就要學習和嘗試。
- ☐ 08 當技能轉化成金錢時，是有層級之分的。
- ☐ 09 學到新技能後，最好立刻用來賺錢。
- ☐ 10 賺新錢，不只是為了提升賺錢的效率，更是努力讓自己處在一個對適應未來更有利的環境。
- ☐ 11 在合作中讓利、讓權，看似吃虧，實則是「順便」拿別人的精力和智慧為自己創富。
- ☐ 12 人們都應該想辦法擁有一隻又一隻無須餵食的母雞，而不是雞蛋。

Chapter 7

投資

耐心的致富之路

投資可以暴富，卻不能期待暴富

人們嘗試傳統意義上的「投資」行為，大多是為了暴富，否則大家就會安分守己地把錢放在銀行，賺取微薄的利息。

投資的確有機會暴富，從財富增值的角度看，一次成功投資的回報或許能抵消十次、百次失敗的投資損失，也幾乎大於其他任何創富行為。早期關注我的人幾乎都知道，我在二〇一三年購買了不少某種在當時被人們普遍稱為「騙局」的投資商品，雖然在投資過程中賣出一小部分用於創業和購買房產，但整體依然有超過五百倍的獲利，而且至今仍然持有。

做什麼事情可以超越這樣的財富增值效率呢？或許做什麼都不太可行。但我一開始就期待這樣誇張的獲利嗎？當然不是，當時的期待或許就只是五〇％的獲利，最多一〇〇％。

如果你對一項投資商品的投資報酬率有正常的期待，那你就會正常下單，正常工作，正常分配注意力給它，最後在你的工作取得成績的同時，由於你更無須動用這筆錢，因此讓這筆獲利成為額外的驚喜。但如果你一開始就像期待彩券中獎那樣地期待，你就會把所有的希望和注意力都寄託其中，你甚至開始暢想「如果一切如願，我就可以……」，你將達成可能性極小的夢放在它的身上，茶飯不思，工作無味，甚至借錢去賭。最後很可能由於回報週期過長，而你的現金流又吃緊（過度看好必然導致過度投入），最終在某個時刻被迫清倉，在工作和投資中達到「雙輸」。

人人都知道投資的心態非常重要，但又是什麼決定我們的心態？除了對投資和標的的認知以外，一個人當下所處的狀態對心態也有極大的影響，過度期待、過度投入的人，每一秒的上漲和下跌都會過度牽動情緒，又如何能夠熬過大多數投資商品的回報週期呢？

很多人問過我一個問題：目前投資獲利還不錯，能不能辭掉工作，專心做投資？我的答案一律都是「不能」。

投資獲利還不錯，可能是由於你購買的投資商品正好處於較好的週期時間段，也有可能是由於運氣好挑中黑馬，還有可能是你的工作給你帶來不錯而持續的正現金流，因此投資心態較好。

如果你在「風險投資」獲利以外沒有其他穩健的收益來源，心態就容易出現大的變化，例如，由於各種持續開銷導致你對投資商品有變現時間的嚴格限制，以及由於各種負面突發事件導致對投資商品有變現的衝動。而投資商品的收益週期不可能剛好配合你的生活需求，屆時你就容易從原本的平常心變得方寸大亂。

什麼樣的人才能做專業投資人？如果你的投資績效能確定性地多次穿越景氣循環，而且有很多人願意把資產交到你的手中，讓你收取資產管理費用和績效獎金，並且在你認為只要花精力在投資上，就能使投資獲利進一步增加的前提下，才可以考慮嘗試以此為生。

若是你還沒能證明這一點，而且基本上打理的是自己的資產，就一定要打消這個念頭。投資首先是出於跑贏通貨膨脹、貨幣超發的目的，既不能承載暴富的美夢，也不能成為逃避工作的藉口，否則極可能會讓你自食其果。

盡量拿「不用還」的錢

投資就要使用槓桿，這是很多人信奉的投資格言。因為錢會貶值，因此提前借到別人的錢，在未來就如同只需還更少的錢，等同於賺錢。許多人在房地產成功的投資經驗不斷加強對此一觀念的信心（房地產投資的成功，本質上是來自槓桿風險的成功）。

但現實是，即便從各方面看來都是「永恆牛市」的投資商品背後，也都有無數虧得血本無歸的個體，只是他們通常很少發聲，成了「沉默的大多數」。

我有一位前同事，他的房子在幾年前想以三〇％的虧損賣出，可惜乏人問津，無奈自住，可是到了現在反而獲利三〇〇％。但他在股市就沒那麼幸運了，幾次都是追高殺低，幾乎次次都是虧完離場。其實理由很簡單，很多人的房產投資獲利不是投資水準高，而是房子的流動性差，交易頻率極低，賣不掉還能自住或給父母住，若是它的流動性跟股票一樣強，人們怕都是早已等不了一個漲跌週期就虧本拋售了。

由此可見，就算在長期的大牛市週期，就算投資商品在大週期也處於小週期裡上漲的時間段，在超短期也還是會有「相對蕭條期」，而且時間長度不容易確定。

有人說，「既然如此，我的策略很簡單，一直持有就可以了」。但問題是就算選對了標的，如果此時你的錢有使用週期，那麼當處於短暫的蕭條期時，你會在錢的使用週期臨近和害怕持續下跌的雙重壓力下，傾向告訴自己「該投資商品快不行了」，於是結束投資，草草收場。這種非理性是造成人們虧損的常見原因。

因此，用於投資的錢，必須盡量是沒有「歸還期限」的錢。這樣的錢通常可以分為兩類，一類是自己的錢，另一類是別人給的錢（是給的，不是借的）。

一、自己的錢。用自己的錢，不加槓桿，能夠讓你在看待投資標的時有更加理性客觀的心態，進而可能讓你扛過多個週期，真正實現長期收益。

有些書籍會傳授一些過度使用槓桿投資房產的技巧，由於房產的週期變換時間相對較長，因此在一段時間內，這些技巧總是有市場的，畢竟不少人能透過這種方式獲利。可是這些人並不清楚自己是靠承擔過量風險而賺到錢，還以為是掌握了某種財富訣竅，於是繼續這麼做，甚至不停地放大槓桿，這樣下去總有一天要吃大虧。因為即使這些人的決策長期正確，他們的風險承受能力也不足夠，過高的槓桿甚至無法讓他們扛過投資商品的短期下跌。

那麼我們是不是無論如何都不應該借錢投資？甚至不能貸款買房？

當然不是。事實上在我投資生涯的早期，由於阮囊羞澀，我不僅經常全部押上，還多次借錢投資。因為當一個人什麼都沒有、本金又少的時候，配比或者分配可投資資金（例如百分之十原則）都沒有多大意義，唯一有可能改變現狀的，就是不停地全押，不管單次對錯，用持續的勞動收益去賺更高風險的錢，千萬不要相信頂級富豪所謂的「穩健」，無論是李嘉誠還是巴菲特，這些後期以穩健著稱的大師，前期都是「眼光更好、更有策略的賭徒」。當你還處於人家的前期，卻用他們後期大規模資金時的策略，就是刻舟求劍了。

那這不是跟我們剛剛所說的互相矛盾嗎？我們剛剛還說不能借錢投資。這裡我們需要推廣一個「自己的錢」的概念，很多人對此項定義都是不準確的。

所謂自己的錢，不只包含當下擁有的錢，還包含未來確定能賺到的錢。如果你是一名公務員，或者你有一份其他穩定的收入，那麼當你在合理範圍內借錢時，其實你是在預支自己未來的收益，這些同樣是你的錢。而且這種「預支」在某種程度上可以推動你去想辦法賺更多的錢，畢竟人的潛力和彈性都很大，惰性也很大。那什麼是不合理的錢？你未來並不確定能拿到的錢，這就不能算你可以預支的「自己的錢」。

不過，就算你預支的是自己未來的錢，也一定要看清資金的使用成本，由於「提前使用未來的錢」需要成本。我曾經用每年一五％的成本預支過未來的錢，最終專案的年化報酬率為一三％，即使這個年化報酬率已經超越大部分的投資項目，但最後依然虧損。

一旦你開始預支自己未來的錢，除了資金的使用成本，你的投資報酬還要再「克服」另一項投資的報酬，也就是如果你不預支，你的另一項投資的獲利。

只有這兩者都在你的預期之內、掌控之中，你的決策才算正確。

二、別人的錢。用別人的錢並不是借別人的錢，而是將風險轉嫁給其他人，將收益的一部分留給自己，絕大部分包括華爾街某些名氣很大的理財經理和理財顧問都不是投資高手，而是銷售，透過幾套話術，用一般人不容易聽懂的術語，來說服他人把錢放在自己這裡，不承擔虧損的風險，卻要按照收益的一定比例來抽成，賺取行情大好時的趨勢錢。他們的財富大多不源於自身的投資獲利，而是該項業務帶來的管理費用和績效獎金。

但這件事並非每個人都能做，它是「用自己的錢」的進階版本。一個人往往得先用自己的真金白銀，在一個或多個週期裡證明自己在「投資獲利」這件事，有超越其他人的眼光，獲得超越其他人的收益，才有機會得到其他人的信任，獲得第五章所闡述的影響力，進而才有機會使用這個策略。

當你對其他人擁有「風險—收益」的不對等優勢時，「穩賺錢」的目的就能達成，但前提就是你要先成為那個「別人自願把風險都接過去」的人，因此才叫「進階版本」。你必須先非常努力、非常會思考、非常會總結、非常能賺錢，而不是透過吹牛、虛構交易記錄或類似的方式，欺騙他人把錢拿出來。

當你能使用別人的錢獲得「風險－收益」的優勢時，你才有更強的抵禦風險事件的能力，因為這是真正「贏了拿走、虧了不輸」的遊戲。

別把雞蛋放在太多籃子裡

幾乎所有的投資專家都會告訴你，不要把雞蛋放在同一個籃子裡。他們會為你準備十幾個籃子，然後數數你有多少顆雞蛋，接著按照他們的主觀配置，把雞蛋丟進去。據說這樣可以最大程度抵抗風險。

的確，這種投資配置方式很抗風險，任何一個或幾個籃子掉到地上也不至於損失全部的雞蛋。但對於大部分的人來說，這樣做的同時也「抗」了收益，例如某一種投資商品大漲五倍，可是你在這個籃子裡放的錢不到整體投資金額的一％，於是在被其他籃子的收益平均之後，大約等於沒漲。

我剛剛說過，在我的資金規模還不大的時候，我會盡量選最少的籃子，然後把雞蛋全放進去。現階段的我自然會多準備幾個籃子，因為我在工作上的收益已經無法抵消任何一籃雞蛋的損失。但在此之前，我會刻意地將籃子數量減少，那個時期對我而言，獲利的重要性遠大於安全性，因為我能用相對短時間的工作收益輕鬆抵消雞蛋的損失，只要我有能力不斷重來，獲利就是我心中的第一位。

平均收益看起來永遠都那麼美好，其實並非如此。

我們假設有十個籃子，每個籃子的獲利在事後被證明是均勻遞增的。現在我的手上有十顆雞蛋，如果我平均分配，顯然可以獲得平均收益。

但是如果我矇上眼睛把十顆雞蛋都隨機放在某一個籃子裡呢？我的期望收益依然是平均收益，只不過我有可能選到收益最高的籃子暴富，也有可能選到收益最低的籃子大虧，但只要玩無窮多次，我的最終收益依然是平均收益。

換言之，只要我的雞蛋總量不多，虧了也不礙事，很快就能補貨回來並持續玩下去，其實把雞蛋放在足夠多的籃子裡跟矇眼選一個籃子把雞蛋全都擱上並沒有太大的差別。

因此如果我肯花一點點時間，稍微研究一下這十個籃子，有沒有可能比矇眼選要強一點？即使我只是對某一兩個籃子的認知比其他人強一點點，期望值就能比平均高一點點，那麼只要能持續玩下去，立刻就能打敗「將雞蛋平均分配給無數個籃子」的策略。

因此，在我能持續玩、可以承擔短期由於運氣不好而導致的極端虧損的情況下，為什麼不選擇這種期望值更高的方式呢？

「盡量把雞蛋放在多的籃子裡」，是資產高的人應該做的事，因為以他們的工作收入，已經無法抵銷資產的損失。但對於一般普通人而言，這麼做無異是東施效顰。一般人最該做的，就是把時間和精力都花在挑選適合的籃子，然後用最大權重下注最看好、最有把握的那幾個。

每個人在財富累積的不同階段，都有適合自己的標的和策略，重點是認清自己有幾顆雞蛋，以及自己的精力足夠研究清楚多少個籃子。不要在一個籃子相對於其他人的決策優勢還不明顯的時候，就冒失地去研究下一個籃子，也不要一共就兩顆雞蛋，還把蛋打破硬塞到四個籃子裡，這些就純屬對某些道理的生搬硬套了。

從失業潮持有到勞工的甜蜜期

每一種投資商品都有自己的漲跌週期，但幾乎所有的主流投資商品都有一個總週期，那就是法定貨幣這種特殊資產的漲跌週期。

法定貨幣的總發行量對絕大多數主流投資商品的價格有極大地影響，因為每一種主流投資商品對法定貨幣的對價，都是由投資商品本身的需求和它們相互之間的數量關係所決定。因此在需求不變的前提下，法定貨幣的增加就必然會導致投資商品價格的上漲。

那我們該如何去把握法定貨幣週期呢？從歷史上看，法定貨幣整體大致是隨著時間的推移不斷增加，只是不知道在什麼時間節點會大量增加。如果以上一次突然大量增加到下一次突然大量增加為一個週期，最保險的方式就是埋伏一整個週期，這樣才不會錯過法定貨幣大量發行時帶來的資產紅利。

那這一整個週期裡有沒有什麼時間節點可以預告即將開始和結束呢？

首先我們要思考的是，在什麼情況下，政府會不顧惡性通膨的影響，憑空增加發行法定貨幣投放到市場之中？一定是經濟嚴重衰退期。經濟衰退，百業衰敗，失業率大大提升，民眾不敢花錢，進而導致更加蕭條，進入惡性循環。

那麼如何去打破這個惡性循環，將它扳回到良性道路上來呢？從財政政策上，例如減稅，讓民眾口袋裡能多留一些錢；例如補貼農民，提高糧食收購價，或者進行政府投資等。從經濟政策上，例如降息，讓銀行儲蓄的收益愈來愈少，引導民眾將儲蓄拿出來消費，同時鼓勵貸款，讓大家都更有借貸欲望。

這是最容易想到的一些方式，但這樣的「藥」需要時間才能見效，而等到藥效發作，病人往往已經丟掉半條命，這就可能動搖社會根基。怎麼辦？最快的方式就是增加基礎貨幣的發行量，這服藥的效果能立竿見影（雖然後遺症可能愈來愈重）。

只要你上街看看，實體店鋪開始大量關閉；上網看看，大家都在抱怨付出很多勞動卻只能拿到很少的錢；你「關心」一下周圍的老闆，問問他們近況如何，多數不那麼好，還有的已經準備重回上班族行列……你就知道，該是你購買主流投資商品的時候了。

正如二〇二〇年的全球新冠肺炎疫情開始後，你就要立刻意識到「時機到了」。我在疫情開始後立刻就在公眾號「請辯」上發布了幾篇文章，告知可配置的資產——一．五線以上城市的核心區域房產（槓桿收益＋正現金流租金）、美股指數、A股指數、比特幣（比黃金彈性更大的加密貨幣，具有跨國界、去中心化的特性。）。到二〇二一年初，按文中的建議配比，這個組合整體上漲在三至五倍甚至更高，還有一些讀者發來訊息說在這一波中達成了財務自由，這就是為什麼我在第一章首先提到「認知升級先於財富」。你完全不用著急，只要你的認知到了，時時準備著，有時候機會一到就只需要一個小小的決策，多年的夢想就完全有可能在幾個月內達成。

那這些資產可以持有到什麼時候呢？由於主流投資商品各自有自己的週期，你可以根據自己的判斷調倉，盡量持有最少現金即可。而讓「資產的比例向現金傾斜」的時間點，則是在勞動力的甜蜜期。

當基礎貨幣的發行量大大增加，經濟開始復甦，資產報酬率愈來愈高的時候，各行各業開始復甦，賺錢容易了之後，創業者會愈來愈多，勞工的甜蜜期就到了。

而勞工的甜蜜期並不是很多人以為的老闆的倒楣期，兩者是競爭與合作，一種隨著週期變化而糾纏互生的關係。通常是老闆的甜蜜期先到，導致想當老闆的人愈來愈多，隨後勞工才能迎來甜蜜期，極端情況下，世上只有一個勞工，其他全是老闆，那麼不管他會做什麼，勞動力都會是天價；反之，老闆的倒楣期一到，雇主大量減少，失業率提升，勞工之間就會互相傾軋，於是也隨之進入倒楣期。

當勞工的甜蜜期到來之後，此時勞工是粥，老闆是僧，僧多粥少，於是勞動力成本就必定大幅增加。此時往往是社會週期性繁榮的頂峰，也是我們該準備拋售部分資產，留下現金，靜待下一個週期撿便宜的時候。

資產只能向上交換

投資的原則有很多，我可以單獨就投資原則寫一本十幾萬字的書，但如果只能說一個重點，那就是「資產的向上交換」。

我們常常把法定貨幣稱為錢，把用法定貨幣購買的東西稱為資產，其實這兩者在本質上沒有差別，都是商品，它們跟其他商品都擁有兌換比率。如果你想真正了解投資的本質，就一定要先建立這個觀念——資產就是錢，錢就是資產，錢跟資產之間有兌換比率，資產跟資產之間也有兌換比率。

如果一個部落裡只有一根權杖，象徵至高無上的權力；只有一顆寶石，象徵至高無上的財富，兩者之間可以對等兌換。

一百年過去了，隨著這個部落的發展，部落的人數從一百人變成一千人，部落大了，土地多了，房子多了，能夠用來作為交易貨幣的動物頭骨也多了，這時權杖價值多少？

權杖原本價值五十間房子，現在價值五百間；原本價值一百元頭骨，現在價值一萬元……但如果當初你持有一顆寶石，那麼權杖價值依然等同一顆寶石。

在這裡，權杖和寶石是一個等級的資產，房子是一個等級的資產，頭骨是一個等級的資產。如果一百年過去後，部落裡出現另一塊一模一樣的寶石，那麼權杖的資產等級就高於寶石；如果才過了五十年，部落就解散，權杖作廢，而寶石可以在另一個部落繼續作為至高無上的財富代表，那麼寶石的等級就遠高於權杖。不只是寶石，所有能跨部落流通的資產，等級都高於權杖。

因此「向上交換」指的是什麼？指的是你用等級更低的資產，去不斷交換並持有等級更高且在未來不會降低等級排名的資產。

有人在各種場合問過我「那裡的房子能不能買」、「該不該換房」之類的問題，其實很簡單，當你的資產是向著等級更高的方向交換，那就是該；當你的資產是向著等級更低的方向交換，那就是不該，如果從一間學區房換到另一間學區房，是學校的教育品質大幅提升，同樣招生人數前提下，學區所覆蓋的房子更少，那麼拋開不可控的政策因素，無論後者比前者貴多少，只要能換就必須換。

虛擬貨幣市場也是這個道理，這麼多年，有出現過哪些幣種在長期收益上超越比特幣嗎？當你剛好遇到一個手上其他幣大漲的機會時，能切換比特幣就要切換比特幣，因為比特幣在人們的心裡是錨定了整個區塊鏈市場的規模，而其他幣種都只能按照自身的「應用」範圍去挖取某一塊市場蛋糕的小部分，它們的資產等級並不在同一個層次。或許能處於第二個層次的只有以太坊，因為它幾乎壟斷了智能合約市場，且占比將肉眼可見地變得愈來愈大。如果比特幣是游離於「使用體系」之外的市場錨定物，那麼除去比特幣，以太坊就是數位貨幣市場裡的「比特幣」。

資產價格的上漲與下跌，過程並不是你想像的那樣，誰升值了、誰貶值了，它關乎的是你持有的參照物是什麼。

如果你手上留的是錢，那就等於你持有了「錢」這種商品或資產。你覺得誰升值，其實只不過是由於錢的總量能隨心所欲地變多，你持有的這種資產的等級較低，於是隨著時間的推移，你理所當然地需要用愈來愈多的低等級資產才能交換到高等級資產而已。

如果你的資產「漲」了呢？也別高興得太早，那只是相對於等級處於幾乎末等的「錢」所做出的比較，你還要看它相對於其他資產的等級到底是變高還是變低。如果你之前就有能力持有更高等級的資產，卻希望可以有更多消費享受，因而只持有更低等級的資產，那麼即使幾年後你的資產也同樣漲了，但最終還是做了錯誤的決策，因為你已經愈來愈沒有能力去觸及原先那個更高等級的資產了。反過來說，如果你當時持有的是更高等級的資產，現在你再把它切換到目前資產中，就能多出比現在更多的可消費資產。

投資就是尋找「天秤」的過程

投資之道，在於對資產等級的判斷，在於向上交換。那有人說，判斷不出資產等級怎麼辦？我有一個我個人在思考、總結、行動過程中持續得到好結果的原創方法。

當我在尋找投資標的的時候，其實我是在尋找一座天秤。

天秤的左端錨定了右端，只要找到一種對應的錨定關係，就算找到天秤了，例如過去的貴金屬與法定貨幣總量的關係（現在左右兩端都需要加入其他事物。同理，比特幣和區塊鏈市場之間的錨定關係也非一成不變）。

當你找到了一種對應的錨定關係之後，你想知道值不值得投資，就先看天秤的左端，放的是不是難以膨脹之物？如果是，再看右端，放的是不是膨脹之物？放在天秤左端的事物愈稀缺，愈難以再生，而右端膨脹的速度愈快，那麼這個天秤就愈是優質，左端也就愈具備投資價值。

在這裡有三個重點。首先，需求很重要。很多人總以為稀缺的東西就是好東西，其實不然，稀缺的東西要有愈來愈大的需求才能稱為好東西。其次，確定性的錨定同樣重要。稀缺的東西錨定了一個快速成長的市場，但這種錨定關係是不是永遠成立呢？就像貴金屬和貨幣的錨定關係，如果出現貴金屬的替代品，比貴金屬更適合當「貴金屬」，那麼貨幣總量的增加是否還一定能造成貴金屬的升值呢？不一定，因為錨定關係發生了變化，天秤兩端的物質發生了變化。再來就是，這種錨定需要有愈來愈多的共識，當愈來愈多的人認為天秤左端的物質錨定的就是天秤右端不斷膨脹的市場，認同某種顯眼的、最有道理的錨定邏輯，那麼這種錨定所帶來天秤左端的投資收益才會愈大。

這樣的天秤就是優質天秤，這樣的天秤左端，就是我們無論如何都要選擇的投資標的。

跑贏機率就行

無論我們有多麼好的投資理念，多麼優秀的投資模型，多麼嚴謹的投資邏輯，對於每一次的投資而言，永遠是機率性盈利的事情。就算再厲害的投資大師，最多也只能在長期擁有一個機率上更好的結果，絕對沒有人可以做到在每一筆投資中都賺到錢。當投資次數的基數大了之後，甚至連「在大多數時候都賺到錢」都愈來愈成為一種奢望，因為原本「成功」案例在總基數中就是機率極小的，想押中一次，往往就需要有更多次的失敗來作陪，而獲利則是「一次大成功的收益減去多次小失敗的損失」後尚有盈餘的結果罷了。

但是很多不明真相的新手，會在「遵循某個正確的投資邏輯最終卻虧錢」時嘲諷這個邏輯，並開始認為投資就是一個單純碰運氣的事情，甚至將其和賭博相提並論。

純粹的賭博，是無論你做什麼，都不可能超越其他人的遊戲，例如抽牌比大小、賭骰子、買彩券等，每個押注的人都不可能透過任何方式對結果的機率產生一點的影響，無論你使用大數據分析還是穿上紅內褲。

但是投資不一樣，如果你想超越其他人，你可以有兩種方式：

第一種，在承受同等風險的前提下，預期收益比別人高。

要實現這個目標，也許是你進場比大多數人早，於是你的成本就小於其他人，但這需要你對「其他人是不是會晚於你進場」這件事有好的預判能力。

否則就是你挑選的標的和別人的相比，雖然風險一致，但最大預期收益遠高於其他人。例如兩個標的有差不多的機率歸零，但一個有同樣的機率翻倍（風險和收益相當），另一個同機率下卻是收益無上限。

如果你總是挑選後者這樣的標的而不是前者，你就總有一次會拿到超高倍數的「獎勵」。這種獎勵看似是運氣，但對於多次博弈而言，即使不知道在哪一次，但至少拿到一次是極大機率的事件。

第二種，在預期收益相同的前提下，承擔的風險比其他人小。

想實現這個目標，你可以只選擇比大多數人了解得更深入的標的，例如巴菲特的

「不懂不投」，雖然「懂」也不一定賺錢，但至少可能跑贏投資同一個標的的其他投資者。能做到一起賺的時候賺得比別人多，一起虧的時候虧得比別人少，就已經足夠。

或者你有一些資金或名氣，或是人脈上的優勢，使其他人不得不給你更好的進場價格，其本質是你把自己所擁有的東西變現。但是同樣道理，即使你有了更好的價格，也不代表不會跌破成本，只不過投資就是相對於其他人有賺錢機率上的優勢就可以，不必追求「單一項目必須賺錢」，也無法做到。

還有一種可能性，就是我們所說「拿別人的錢」，你可以拿到收益，卻無須承擔虧損，其他人心甘情願地把錢放到你的手裡，讓你享受「非對稱風險」，因為他們認為即便如此，也比他們自己親自下場參與投資的結果要好。這也同樣是你把自己擁有的東西變現，只不過是在風險的非對稱性優勢上的變現。

因此，如果你要在投資活動中長期超越其他人，千萬別忘了這個問題：我做的這件事跟其他人相比，有沒有機率優勢？有機率優勢就是相對於他們更值得做，沒有機率優勢就是相對於他們更不值得做。投資計算的是大數法則下的總盈虧，而不是每次的勝負，就算贏面再大，計算單次盈虧也可能輸，因為其中有運氣的成分。每一次投資即便做了正確的事也可能失敗，但失敗不代表這樣做不對，只要掌握機率優勢，持續做正確的事情，在大數法則下就一定會愈贏愈多。

你玩的全是接盤遊戲

所謂投資的機率優勢，就是你能透過一些自身優勢，有更大機率、讓更多人以更好的價格從你的手裡「接盤」。

「接盤」這個詞，似乎總跟「騙」字聯繫在一起，其實這是人們的誤解。我們所有的投資、購買行為，本質上都是把別人手裡的東西接到自己手裡，這是非常常態化的描述。

但這樣的描述，是不是讓投資行為顯得不那麼厲害了？是的，無論我們用多麼高級的詞彙去渲染投資這件事，無論我們把投資和投機分得多麼清楚，我們都得知道，所有投資的本質，都是接盤遊戲，只有先意識到這一點，才能抽離某些情緒，例如有人覺得，「憑什麼你十塊錢買的，我就要花一百塊錢來買，我現在購買豈不是接了你的盤」？一旦人對正常的投資行為有了情緒化表達，就會變得不夠理性。

那成功的投資大師說的為什麼不一樣呢？不是他們不懂得這一點，這往往正是他們實行的理念之一。但他們通常不願意被人認為自己在實踐這一點，因為這樣會導致人們對其日後的各類行為動機產生警惕，致使自己的影響力變小。

當我們要購買一種投資商品，絕對不是由於它有多好，而是有多少人意識到它有你想像的那麼好，以及有多少人會在你之後意識到它好到這個程度，這就是接盤遊戲的精髓，對事物正確認知的先後。

即便有一種投資商品真的很好，但如果所有人都已經在說它很好，甚至說得比你想像中的還好，那麼它很可能並不具備多少投資價值，因為你對它的預期早已反映在當下的價格之中，甚至已經由於人們情緒上的共同推動而產生溢價。如果所有願意購買它的人都已經持有，還有誰會去接盤呢？而如果沒有人接盤，接下來就很可能爆發死亡螺旋——踩踏。

因此判斷一件事物的絕對價值是否有用的前提，是要評估是否有夠多的人跟你意見相左，或是你看到的價值和別人看到的價值是否尚有較大出入，「出入」的差距就是獲利或規避損失的空間。

在投資中，每一次購買行為都只有一個目的，就是期待未來以更高的價格賣給下一個人，沒有例外。有人說，「如果我只是想持有並獲得利息呢」？本質是一樣的，如果給你利息，卻本金受損，相信你也不會願意持有。而本金不受損，加上利息，其實就等於在未來以更高價獲得的利潤，沒有差別。

此外根據買入和賣出的規則，前述內容也可以表達為：每一個買入投資標的的行為，本質上都是期待未來會有另一些人以更高的價格從自己手中把標的接走，否則獲利就不存在，投資也就失去意義。

因此「正經」的投資和我們痛恨的龐氏騙局，在本質上都是接盤遊戲，只不過你能預見龐氏騙局在短期內必然崩盤，你知道結局，你只是單純在搶時間，搶知道資訊早晚的時間差。而由於它從繁榮到崩盤通常太快，而且崩盤後無法再解套，因此大部分的人都無法全身而退，這是它並非優質投資標的的原因，而非龐氏騙局的玩法本身導致。

而「正經」的投資裡就有不少供認知發揮的空間，很多時候錢賺得更合理。而且有些優質標的是只要你能長期抱住，隨著標的本身的進化、所處行業的繁榮和法定貨幣的增發，就算你在當下的週期內買在高點，也總會在下一個週期解套並獲利。

無論是正經投資還是龐氏騙局，從接盤本質的角度去看待標的，只有兩點影響因素：人數和時間。而這兩點又擴展出了三個你需要問自己的問題：

第一，有多少人是在你之後知道的這個資訊？

也就是你的資訊層級是處於核心還是外層？如果處於資訊外層，那麼無論資訊是什麼，知道了都沒有意義，因為目前價格已經反映了資訊；如果是資訊核心，會有多少資訊外層的人在你之後知道這個資訊？他們在知道資訊後會不會做出購買行為？想好這個問題，就無須管標的到底是好還是不好，是金子還是騙局。例如有人提前知道中國的麥當勞將改名為金拱門，於是購買了金拱門相關的拼音網域名稱，當新聞公告出來後，即以翻倍價格出售。即使麥當勞在發布新聞公告之後表示此番改動僅涉及營業執照，其餘一切不變，但提前購入並在麥當勞的官方聲明出來前及時出售依然是一次好的投資。

第二，你能投資的標的有多少人想參與，但因為某些原因被擋在外面？

如果每個人都想要一件東西，但是大部分的人由於資金、身分、資格等原因被擋在外面，這就是給了你一個「擁有眾多潛在接盤者」的機會。

例如大家都想要的股票或者大家都想要的房子，可是對很多人而言新股申購抽籤抽不中或購買門檻太高，這種「擋住的潛在購買者愈多」的標的，就愈是值得你爭取。

如果你已經歷經多年努力累積了一定的本金，擁有了一定的資格身分，就一定不要放棄這個機會。

第三，你對這個標的的認識是不是超過其他人？

如果某項投資並沒有什麼參與門檻，那麼當下的價格就反映了目前所有市場參與者對這個標的的整體認知。

若是你覺得它被低估，那麼憑什麼你是對的？你是有相關的背景知識，還是你非常深入地了解這個行業？這個標的能不能發展到讓更多人有機會認識到你目前的理解程度？當其他人認識到你理解的程度後，是否會做出購買舉動？

如果答案都是肯定的，那麼無論這個標的在其他人眼中如何，都不妨礙你做出購買的決策。

看到這裡，或許有人會疑惑「這還是投資嗎，這不變成投機了嗎」？

投資和投機在接盤遊戲的本質下，沒有任何差別。有一句玩笑話說「投資」和「投機」僅僅是普通話和粵語的區別（粵語的「投資」發音近似為「投機」）。雖然是句玩笑話，但這兩者確實只是被人為割裂成兩種行為。例如有人說投資時間長，投機時間短，但是多長時間算長呢？其實這種判斷標準很主觀，中間並沒有一條明確的分界線，因為時間是連續的，不可能有人「持有三年整算投資，提前一天賣就算投機」；再打個比方，有人說持有資產拿利潤算投資，低買高賣算投機，這也是很荒謬的說法，這樣大部分的人買房、買股票甚至多數投資人購買企業股份就都是以投機為主了。如同前面提到，其實拿利潤和低買高賣就是一回事，這邊我就不再贅述。

只有真正認清「投資是接盤的一部分」這個事實，你才會在買入的時候考慮更多關於賣出的問題，而不是看到一項投資很熱門，就無腦買入。只有你考慮清楚所有關於賣出的問題，你才能真正進入這個名為「投資」的遊戲，天底下沒有絕對的好標的或是壞標的，只有獲利空間相對較大或較小、獲利的時間窗口相對較長或較短的標的。

停損和停利都是交易的錯誤概念

很多投資類書籍都是關於「紀律」的教育。的確，在投資中遵守紀律是非常好的習慣，而且非常有必要，但很多人把這種紀律理解錯了。

二〇〇八到二〇〇九年，我為了增加收入，除了白天正常工作、晚上兼職酒吧歌手、閒暇時間經營淘寶店鋪、週末補課和送報紙外，還給自己找了一份工作，在每個工作日下班後帶上晚餐，直接奔赴一家投資公司，只為趕上大宗商品現貨交易的晚盤。

當時的我在業餘時間已經有操作股票的實戰經驗，所讀關於交易的書籍也填滿了好幾格書架，加上大學主修經濟學，於是就想去一個專業交易的地方繼續學習交易的祕密。

大宗商品現貨交易的頻次遠高於股票，投資公司給出的交易技巧也非常機械化，就是看某幾個指標，依指標決定停利或停損、繼續持有或是建新倉。一開始我有點懷疑，如此高頻的操作，如此機械化的指令，若是這樣都能夠賺錢，那為什麼沒有人把這個祕密帶出去，讓每個人都可以這樣賺錢呢？而如果是這樣，這個規律肯定會失效，因為在交易裡，並不存在所有人都遵循同樣的策略一起賺錢的系統。

由於一開始的成績非常好，我就半信半疑。在這段期間，公司給我配資，資金是客戶的，而我需要拿出自己的積蓄作為保證金來建倉，槓桿為五倍。（編按：台灣正規金融機構並無配資作法。）

我以不懈的「努力」（我曾以為是有效努力）成了公司的頭牌交易員，但好景不常，沒過多久，我的保證金就開始一點一點地虧損。直到全部賠完後，我開始審視遊戲規則：

第一，為何要如此頻繁地停利停損，真的是為了紀律嗎？不，是由於每一單都有交易手續費的返利，而公司可以從這部分返利中分走四〇％，因此公司會鼓勵交易員多操作，而不是專注於「正確」的操作。

第二，公司給我配資真的是因為我前期業績最好，因此認為我是一個值得培養的新人嗎？不，像我這樣的交易員比比皆是。公司可以給任何前期因為運氣而「績效勝出」的交易員配資，反正客戶的資金不會虧，虧的是交易員自己的保證金，公司穩賺手續費返利。

第三，公司每天結束後的交易覆盤真的是為了提升交易員的水準嗎？不，其實這裡所謂的老師都是假的，他們並不公開自己的成績或者你並不知道他們是不是選擇性公開（或許有好幾個帳號，只公開獲利的帳號，或者公開獲利的操作），覆盤也只是用「已經走完的 K 線」做一些「事後諸葛」的分析，跟算命先生的差別不大，目的就是穩住交易員，讓交易員認為自己的「技術」還有提升的空間，然後讓交易員繼續投入資金以便讓公司繼續賺取手續費。

審視完畢後，我迅速離開了這家公司。

十幾年過去了，我接觸的投資商品不計其數，這些年透過邊思考、邊實踐、邊試錯、邊總結，我發現自己從學習「投資技術」漸漸轉向思考「投資邏輯」，而後者才是真正做好投資的根本。

投資的買，一定是為了賣。很多投資者在投資的時候腦子一熱，或者一鼓動，導致衝動情緒上身，就容易忘記自己正在做「投資」，而試圖與投資標的共存亡，投資不是做慈善，如果你想做慈善，可以直接送錢，沒必要博弈。在投資中，每個人都該時時記得以獲利作為最主要的目的。

買什麼、什麼時候買，我們在此說得差不多了。那什麼時候賣？很多沒學過幾天交易的交易員容易被慫恿，他們很樂於設置嚴格的停利停損點，按紀律操作，以為這就是好的交易執行者。或者有些人總是無法嚴格按照所謂的紀律執行，於是以為問題並不出在停利停損策略的科學性上，而是出在自己無法克服的人性上。若遇到有嚴格執行還虧損的，就自我反省是停利停損點位置設得不夠好。

以上都是走上了歪路。

交易其實並沒有停損和停利一說，必須先拋棄這兩個概念，你才有可能進入投資正道。停損和停利，計算的都是你個人帳戶的得失，但你當下要做的決策是「是否要賣出」，這個決策只跟標的的未來預期表現有關，和你的個人帳戶當下是否獲利沒有任何的關係。

有些標的漲了二〇%以後還可以再漲二十倍；有些標的雖未突破你設的停利點，但已經不值得持有；有些標的雖跌破你設的停損點，但只是瞬間下落，立刻就反彈開啟一波大漲……這些情況都非常常見。

你的停利停損點，只是你個人主觀的風險偏好；你的停利停損比例，也只跟你個人帳戶的盈虧有關，對標的今後的走向不會有任何的影響，它不會因為你個人賺錢，因此你繼續持有就讓你獲利回吐；也不會因為你個人虧錢，因此你繼續持有就讓你虧到底。

你是你，標的是標的，市場是市場，毫無聯繫。

你所有的決策都應該基於這個標的的未來會如何，基於其他人怎麼看待這個標的的未來，而不是你自己目前的獲利或虧損情況。因為你的停利點到了，不代表其他人的停利點到了；你的停損點到了，不代表其他人的停損點到了，它們是完全獨立的。舉個最簡單的極端例子，你在某個投資標的單價一塊錢的早期就買入，當它漲到十塊錢的時候，其他人才紛紛入場，那麼你們彼此設的五花八門的停利點跟標的的後續的漲跌又會有什麼關係呢？

因此，還沒買之前就定下了「多少個百分點就走」的停利停損策略，想著到了什麼價格就「落袋為安」，是完全罔顧客觀情況、非常不理性。但這麼沒有邏輯的理念在市面上大行其道，理由竟然是「守紀律」或者「永遠不要傷及本金」？

守紀律不是這樣守，保住本金也不是這樣保。所謂守紀律，是守住邏輯紀律，而不是點位紀律；所謂保住本金，指的是在邏輯有變時及時轉換策略，以及盡量不在有全賠的可能時一次性投入過大，是控制自己的投入比例，而不是到點出售。若是某個投資商品一旦歸零就無法東山再起，就完全是投入比例的問題，而不是沒有做好停損。

每次無論賺還是虧，都是觸碰一下就離場，然後再繼續帶著資金進場，是完全沒有意義的，只是將本來可以深思熟慮後「打包」的交易分割成無數個非深思熟慮的小交易罷了。即使每一次看起來盈虧都不大，但大大增加了交易次數，這就是真正的虧錢把戲，如果有人竟然這樣做還能長期賺錢，那他可能是向你吹牛，不然就是想以此作為招牌等你哪天把自己的錢送上門讓他管理，賺取你的管理費和激勵獎金。

如果你認識很多真正的有錢人，你會發現他們很少會持有高比例的現金資產，而是始終把自己的資產按照一定的配比，動態地分布在各個資產池裡，當要出售一種資產時，也極少會換取大量現金，而是直接將大部分資產從一個資產池轉移到另一個資產池。

有人說，沒有換成現金，盈虧都是「未實現損益」。這樣的詞彙，給人一種「只要我不換成現金，就不叫結算，賺了等於沒賺，虧了等於沒虧」的感覺。事實上只要交易深度夠，這些想法都是有問題的。

許多人在很早之前就嘗試購買過特斯拉或者茅台的股票，如果他們的策略永遠是「一塊錢的東西一元一角錢就落袋為安，然後等到一〇〇塊錢再買入，到一一〇塊錢就落袋為安」，那麼他們是一輩子都不可能在某個長期上漲的資產中吃到「持有」的大紅利。

當然，騙子導師通常喜歡分類說明，例如「在同一趨勢運動的時候，要吃整條魚身」、「在震盪行情、箱體整理的時候，要做好停利停損」之類。道理聽著挺好，但全都是馬後炮，因為K線圖形在走出來之前，永遠是可變的，很多時候的K線看起來像是某一種圖形，但是當你買入後，就會立刻變成另一種圖形。

因此他們事後總有一種理由來解釋，為什麼自己投資卻永遠無法長期獲利。如果他們竟然「看起來長期獲利」了，要不就是說謊（例如選擇性公開對帳單、細分人群投放不同的投資策略等），要不就是時間夠短。

所有的工作都在買入之前

很多人在投資中有個很不好的習慣，就是用一點點時間來篩選標的，用一點點時間來按下「買入」按鈕，卻用很長的時間去追蹤整個過程。

我們必須明白一點，當我們按下「買入」按鈕後，絕大部分的人是無法再從中立客觀的角度去看待手裡的投資商品，他們會受「稟賦效應」的影響，高估自身所持有事物的價值，也會因為沉沒成本而做出非理性的決策。例如，明明就是自己當初選擇太草率，但既然選完了，就會找一大堆「它很好」的理由來說服自己，進而高估它的價值（稟賦效應）。又或者是，買完後才發現投資商品不符合投資的邏輯，卻由於當下處於虧損狀態，於是強行說服自己繼續持有（沉沒成本）。

最好的做法，就是將所有的思考，都放在「買入」按鈕按下之前。當然你不一定有時間思考得那麼細緻，但只要掌握我們本章提到的所有投資邏輯，就足夠判斷了，投資邏輯永遠大於消息、情緒、名人背書、主流媒體宣傳、左鄰右舍推薦與朋友擔保等干擾。

而一旦你做出買入決策，在投資標的的投資邏輯沒有發生變化之前，能少關心就盡量少關心，因為每一次的關心，在你決定繼續持倉時，都會消耗你的能量。

是的，持倉也需要能量，因為持倉也是一種決策。千萬不要覺得「我不賣，我只是看看」，如果你真的任何情況都不賣，為什麼要天天看呢？如果你只有一間房子自住中，又不準備換房，你會不會天天都去仲介那裡跑一趟問問價格呢？

過於頻繁地查看價格，就很可能在情緒的影響之下，拋棄理性時遵循的投資邏輯。畢竟無論標的漲還是跌，你的生活中都充滿各種要變現挪作他用的欲望和衝動。只要反覆幾次，你的信心就會動搖，每次動搖後繼續選擇「持倉不動」要消耗的身體能量會愈來愈多，直到不堪重負，拖累正常的工作和生活狀態，最後還是提前賣出，滿足欲望了事。

我手上持有眾多類型的投資標的，但我平時幾乎都不關心，也不在它們身上花時間，我的精力全在創業專案和個人工作帶來的持續收入上，但偏偏是這些我長期不關心的投資標的為我帶來了更為豐厚的整體回報，當你確認它們在某種投資邏輯下有很大的機率會上漲時，你只需在這段時間裡選擇一種最容易把倉持住的方式就可以了。

一定要記得，當你按下「買入」，就代表這個標的後續，只跟它是否持續符合你投資邏輯中值得操作的元素有關，跟它的日常價格漲跌沒關係。就像燒一鍋水，你只有看到玻璃鍋蓋上出現大量的水蒸氣才會掀開鍋蓋，你完全沒有必要時時刻刻拿著溫度計去測量，看燒水的過程中每個時刻的溫度升到多高。

如果你還沒徹底把這個標的的投資邏輯理清楚，也就是你還不知道這鍋水出現哪些狀態才算是開了，以及水到底會不會開，那就意味著你沒能預設好「何時關火」的邏輯。此時就不能貿然點火，因為你可能會白白浪費瓦斯。

因此停利和停損都不對，工作又都在買入之前做完了，那麼什麼時候可以結束？任何投資行為最終一定是為了體面地結束，否則投資就失去了意義。

而結束，最好就是以下原因之一：

一、投資天秤中元素發生了變化，導致這個天秤不再是你投資決策前的天秤，於是你不得不重新考量。

二、你找到了一個新的天秤，潛在「投資報酬率／風險」的值更大，而相比於手上其他用於投資的錢，目前這筆錢的性價比最低。

三、你非常鄭重地拿這筆錢大幅提升生活品質。

除此以外，你都不該賣出。

如果看好，永不退場

買進一定是為了賣出，這是毫無疑問的，只是時間長短的問題。我們剛剛提到賣出的三種情況，但如果這個標的還有未來，只是由於你目前認為它估值過高，或者你當下有更具性價比的標的，又或者你想變現提升生活品質，那麼你絕對不要將其全部清空。

一個人能夠分配在投資上的注意力很有限，這種分配指的不是無意義的即時盯盤行為，而是真正關注投資商品本身的變化、市場需求的變化，和對該投資商品底層邏輯的深入思考，甚至有時還得深度參與該投資商品最新的衍生服務，最好不只是體驗服務，還能試著提供服務。

這些都極其耗時，通常一個人要投入這樣的注意力，能關注的最多不超過兩、三種投資商品。

如果你徹底抽身將這樣的投資商品全部賣出，那麼一段時間之後，這個投資商品很可能與你徹底無緣，由於這段時間你不會特別關注它，於是在嘗試重新接續的時候，學習成本會大幅提升，很可能高到你不願意繼續學習的地步。而就算你強迫自己學習，你身為前投資者，自認為有諸多過往經驗，也更容易對它的新變化視而不見。

因此，如果你真的看好，就一定要留庫存，「有庫存」和「徹底清空」這兩種狀態對心態的影響截然不同。這些庫存除了可能繼續為你產生收益以外，更大的用處是讓你繼續關注這個投資商品的最新狀態，讓你產生正確、客觀的評價，以便未來在合適的時候，能理性地決定是否該重新進場，很多人在徹底清空自己曾經持有的投資商品之後，會失去理智地看空該投資商品。

投資是一件孤獨的事

很多投資者在投資的過程中喜歡頻繁交流，喜歡一起行動，喜歡跟別人一樣，因為這樣看起來能獲取更多的資訊，能獲得「身處群體之中」的安全感。

資訊交換無可厚非，跟別人的決策剛好一致也很正常，但沒有必要過於刻意追求。首先，「跟其他人一樣」並不能提高你的投資成功率；其次，在投資這件事，能進行有品質的資訊交流的人其實很少，有價值的資訊基本上都需要你獨立挖掘；再者，投資最重要的是邏輯，因此思考的深度重要性遠大於影響短期漲跌的消息資訊；最後，投資決策只能由你自己獨立拍板，損失和收益也都由你自行負責，你的父母、老師、朋友給你的建議，多數時候只會擾亂你。

很多人做出投資行為是受貪婪驅使，於是就容易有意識地忽視風險。這種「忽視」會驅使他們過度親近一些做出共同投資行為的群體，一方面在群體的狂熱情緒中能屏蔽風險提示，安心地賭下去；另一方面可以獲得一條「虧了是由於我遇人不淑」、「虧了是由於我聽信了其他人」的心理後路。

投資是真金白銀的遊戲，如果還沒有搞清楚狀況，就必須自己搞清楚，屏蔽顯意識的風險提示，絲毫無法減少實際風險，而「在情緒上更容易接受結果」這回事，也不值得你拿很多錢去冒險。

投資是一件孤獨的事，這種孤獨還展現在你獨特的節奏上。

每一個人都有自己的投資邏輯，有自己獨特的投資節奏，再平庸的人也會有平庸的邏輯和節奏。在你實行自己投資邏輯的過程，你一定會遇到很多購買其他標的，短期內收益大幅超越你的人，無論你是什麼段位的投資高手，這件事都確定會發生。

此時你會質疑自己的投資邏輯，試圖「修補」它。跟著其他人嘗試新的標的，還是堅守自己的節奏，堅信你的策略在長期一定能超越他們？你可能會在當下毫不猶豫地選擇第二項，但執行起來才會發現這很困難，尤其是每天看著人家賺更多錢，恨不得衝上去一起賺，否則每當看到別人獲利時都會感到非常煎熬，覺得對不起自己。

然而到了最後才發現，股神年年有，年年都不同，所有擁有大幅超越正常收益的「投資高手」，只要沒有作弊，就必定是在某個投資商品的紅利週期中冒了更大的風險而致，於是在紅利週期結束後，也自然會由於這樣激進的操作風格招致大幅虧損，這就是盈虧同源。

笑到最後的人才是贏家。但你在這個過程，能不能忍受這種獨自投資、獨自決策的煎熬，刻意拒絕融入其他人的安全感，獨自面對錯誤決策帶來的內心自責，遠離更高短期收益的誘惑，接受「慢慢致富」？

無論你的答案是什麼，你都必須試著去做。

上行清單

- [ ] 01 投資首先是先出於跑贏通貨膨脹、貨幣超發的目的，既不能承載暴富的美夢，也不能成為逃避工作的藉口。
- [ ] 02 自己的錢，不僅包含當下擁有的錢，還包含未來確定能賺到的錢。
- [ ] 03 一般人應該把時間和精力都花在挑選投資項目，然後用最大權重下注最看好、最有把握的那幾個。
- [ ] 04 雇主和勞工之間是競爭與合作的關係，是隨著週期變化而糾纏互生的關係。
- [ ] 05 資產的向上交換，指的是你用等級更低的資產，不斷交換並持有等級更高，而且在未來不會降低等級排名的資產。
- [ ] 06 投資是一個尋找天秤的過程。
- [ ] 07 想長期超越其他人，別忘了這個問題：我做的這件事和其他人相比，有沒有機率優勢？
- [ ] 08 當我們要購買投資商品，絕對不是由於它有多好，而是有多少人意識到它有你想像的那麼好，以及有多少人會在你之後意識到它好到這個程度。
- [ ] 09 你所有的決策都該基於這個標的未來會如何，其他人怎麼看待這個標的的未來，而不是你自己目前的盈虧情況。
- [ ] 10 持倉也是一種決策。
- [ ] 11 如果真的看好，一定要留庫存。
- [ ] 12 接受慢慢致富。

Chapter 8

驅動

掃除行動障礙

你要相信我

你要相信我，這樣的建議或許會立刻引起你的警惕，但這就是實踐行動的第一步。如果你看完本書以後，從邏輯上沒有找出什麼問題，但還是無法信任本書傳達的內容能夠改善你當下的狀態，那你就會立刻闔上書，然後迅速遺忘，甚至是無法看完，只是隨意翻頁至此，那麼本書所有可能幫助到你的內容，在價值層面都會大打折扣。

當一個人沒有導航，第一次去陌生的地方時，他會時時擔心自己走錯，會多次焦慮「為什麼還沒到」。但當他有了導航之後，這些情緒全部都會消失，因為他確定自己能到達，而且還能預估大約何時到達，只需要照著做。這裡有一個重大的前提，那就是他相信導航不會出錯。

我在很多場合說過「努力很簡單」。千萬不要覺得努力很難，如果一個人事先被告知固定的高回報和需要做的事，「做」就是最簡單的事，汗水並不值錢，幾乎每個人都願意為了十年後獲得超高額報酬付出自己全部的時間，無論如何辛苦都能撐得下去。但若是結果不確定呢？「決定行動」才是真正困難的事情。有一天晚上，我在家裡拿著一個塑膠蓋子試圖去蓋上一個玻璃碗，翻來覆去嘗試都蓋不上，我開始懷疑這個蓋子或許跟這個碗並不合，於是轉身去找。我找了很久也沒發現合適的蓋子，此時有人告訴我「就是剛剛那個蓋子」，我再回去一試，稍稍一擰就合上了。

這就奇怪了，剛剛為什麼不行？因為我不確定它就是那個碗的蓋子，在我的面前有著其他可能性，我怕自己蓋了半天結果發現是個錯誤的蓋子。為了不讓自己的努力白費，我就不會全心全力地去研究它的蓋法。但如果我已經確定它就是那個碗的蓋子，我就會用上百分之百的潛能。相比而言，行動、解決行動過程中的困難，反而都是相對簡單的事情。同理，如果你相信本書這個導航，你只需要動腦筋逢山開路、遇水搭橋就可以了。

因此，如果你認為本書沒有說謊，我是真的實踐書中的內容而達成上行目標，並且我也將上行過程的感悟毫無保留地公開給你，那麼你要做的第一件事，就是先用邏輯檢視本書，如果沒問題，第二件事就是絕對信任。只需這兩件事，就能讓你當下無數的行動方向直接收攏整理一大半。

別猶豫了，我會建議你在讀完本章之後，立刻就列出自己的改變計畫，第二天就正式執行。

感受微小的成長回饋

如果你已經準備進行實作，那麼大致可能出現兩種結果。

一種是運氣好，在你的行動清單裡有很多能夠給予即時正向回饋的東西。例如投資，可能你遇到一個比較好的進場時機，於是你可以親眼看著帳戶裡的數字每天都在增加，這樣你就會立刻把這本書當成你的「貴書」，你也更有可能持續實踐書裡的其他內容。

還有一種是你的行動清單裡都是需要長時間才能有所作用的事情，你在上行過程中的努力，都還只能為你的人生帶來一個正向的趨勢，讓人生有「愈來愈好」的傾向，但需要時機來「兌現」。而時機的出現，則是一件不確定的事，以什麼方式出現，也無法預計，甚至是已出現或把握住了，你也不一定能意識到你長期實行上行清單在其中有多少作用。因為習慣和思維往往是以潛移默化的方式改變你的命運，你未必就能拿它們跟正向結果聯繫起來，於是就更有可能放棄行動。

很多事情的回饋極其微小，需要我們非常用心地去感受，面對一件事情，原本你會想什麼，現在會想什麼；處於一種情境，原本你會做什麼，現在會做什麼。即便是日常小事的正向改變，也都不是理所當然，只有當我們抓住這些小小正向改變背後的源頭，才能有繼續行動的動力，因為那個時候會更加確定「自己正在做正確的事情」，這是另一個導航。

在二〇二一年的「上行部落」社群裡，每一位成員在實行期間除了完成當日作業外，都需要寫下當天的小結、收穫、感想和「小確幸」，目的就是當一個階段（例如財富、健康）結束的時候，大家都能清楚地看到自己做過什麼、獲得什麼，只有這樣，上行的顆粒度才會更加細緻，才有動力繼續堅持進行下去。

如果沒有這樣的記錄，人們是絕對想不起這些，我連三天前的午餐都不記得。

終生上行

人的本性，總是趨向「用最少的成本（包含人力、物力、財力等），獲取最多的回報」。如果你認真觀察總結，會發現上行要做的事幾乎全是違反趨利本性的事，違反趨利本性不一定就有好結果，但處處順應這樣的本性肯定就是下行。如果這樣的順應本性就能實現上行，人人都樂意而且能夠做到，那麼它就成了一種如同呼吸般的標配行為，也就是「即便是正確的行為，但由於人人都做，也就跟上行沒關係了」。

讓人和人之間得以分出勝負的，一定是那些違反趨利本性才能收穫更多的事，只有在這樣的事情上，才會分別發展出有好幾種做法的群體。

但是如此違反本性又必定讓人疲累，於是很多人就會有一個疑問：上行到什麼時候才到盡頭，什麼時候才能停下來？

我的答案可能會令你失望，那就是「永遠都不夠」。

這並非是在向你宣傳「奮鬥最光榮」之類的價值觀，而是在實際上幫助你提升收穫與付出的總性價比。

很多人做違反本性的事情，目的就是能在未來不做違反本性的事情。這不能說不對，但不能著急，必須要發展到生活擁有極大的自由度時才可以順應本性，就像一開始所提漁夫與富豪的故事，什麼人可以想不做違反本性的事就不做違反本性的事？答案是富豪。漁夫就想在家躺一天都不行，因為會餓肚子。

始終保持上行狀態，始終做那些「對」的事情，你就能愈來愈輕鬆獲得生活的自由度。如果以運動來比喻，就是你愈是處於運動狀態，維持一個相對不錯的速度就愈容易，但你若是中間停下來，再啟動就很困難。因為上行也遵循馬太效應，你愈是上行，遇到的機會愈多，愈是只需要做相對簡單的事情就能獲得一個還不錯的結果；而你愈是偷懶，隨著時間的推移，反而愈來愈無法偷懶，慢慢失去生活的自由度，最後連活著都得用盡全力。

我現在平均每週的工作時間基本上超過六十個小時，但我做的都是自己喜歡做的事情。隨時能夠退休的自由，讓我完全不覺得當下的工作是一種被迫的狀態，也不會有任何辛苦的感覺，因為我知道我選擇工作，是因為「我喜歡工作」這一個理由。

因此，「終生上行」其實並沒有如許多人想像中的那麼辛苦，即使初期會不舒適一些，所獲得的世俗價值看起來也沒那麼直覺。但到了後期，終生上行就很容易成為一種自願選擇的習慣，不再痛苦，或痛苦值已經降到極低，也不需要靠執行的結果（例如金錢、地位）帶來幸福感，光憑正在上行、成長這件事本身，就能帶來足夠的滿足。

上行清單

- [ ] **01** 千萬不要覺得努力很難，「做」是最簡單的事。
- [ ] **02** 每一種堅持都需要先信任一個導航。
- [ ] **03** 你愈是上行，遇到的機會愈多，愈是偷懶，就愈來愈無法偷懶。

後記

很多人其實並不知道如何讓自己的人生變得更好，大多數的人一生都在不停地出售自己的勞動時間，認真學習、找份好工作、沒日沒夜地工作，這就已經算人們心目中的好榜樣，但依然還是會疏於陪伴孩子與伴侶，疏於照顧長輩，一旦失業就很焦慮。

其實，大多數的人從來不曾從戰略層面思索過上行、成長的事情，只是不停地去解決當下的問題，上學只看教科書，讀書就為了考試，為了上好學校，選個大家都說好的專業，畢業後就圍繞著房子、車子、孩子補習班……缺什麼補什麼，頭痛醫頭、腳痛醫腳，永遠在當下最迫切的問題上打轉，從來都不曾思考怎樣去優化自己的人生系統，思考當下這個社會的上行體系和未來進步發展的大方向。

一個人遇到的問題通常都不會是單一的，若是只專注解決眼前的問題，而沒有找到產生問題的源頭，那麼未來基於基礎問題而產生的衍生問題就一定愈來愈多，於是這個人就會疲於奔命。

最可怕的是，他又將這一套方法強加在自己的孩子身上，強迫孩子從學生時代就開始接受對人生的線性思考，讓孩子走上自己的老路。

人的一生是一個不可分割的整體，情感的品質會影響財富的累積，生活的狀態會影響決策財富的心態，教育的理念會影響財富的傳承和發展，而財富的多寡又會反作用於各方面的生活，所有事情都交織在一起，不存在只有什麼重要什麼不重要的問題。頭痛了，看似頭很重要，但其實腳一樣重要，否則頭時不時還會再痛。

有些看似快的事情，其實在選擇和方向上已經出現錯誤，反而更慢；而有些看似無用的思考，反而是琢磨透事情的本質，一通百通，所有問題都迎刃而解。人生是一個系統，要整個系統都往上走才行，而不是一隻腳邁上去了，就不顧其他部分還在底下，那這個姿勢就很容易再把你拽回原地。

最後，衷心祝福各位讀者都能夠跳脫自己所處的局面，抽離那些看似更迫切的關注點，俯視自己的人生，完成系統性的改變，穩步上行。

蔡壘磊

二〇二一年十月

豐富 001

持續成功

超越關鍵的一點點，就能獲得資源與好運

作　　者：蔡壘磊
審　　定：Mr. Market 市場先生（第七章）
責任編輯：祝子慧
封面設計：乾單
內頁排版：乾單
印　　務：江域平、黃禮賢、李孟儒、林文義

副總編輯：林獻瑞
主　　編：祝子慧、李岱樺

社　　長：郭重興
發行人兼出版總監：曾大福
出　　版：遠足文化事業股份有限公司　好人出版
地　　址：231 新北市新店區民權路 108 之 2 號 9 樓
電　　話：02-2218-1417
傳　　真：02-8667-1065

發　　行：遠足文化事業股份有限公司
地　　址：231 新北市新店區民權路 108 之 2 號 9 樓
電　　話：02-2218-1417
傳　　真：02-8667-1065
電子信箱：service@bookrep.com.tw
網　　址：http://www.bookrep.com.tw
郵政劃撥：19504465　遠足文化事業股份有限公司

法律顧問：華洋法律事務所　蘇文生律師
印　　製：中原造像股份有限公司

初版一刷：2022 年 4 月 27 日
定　　價：420 元
ISBN：978-626-95762-7-2

國家圖書館出版品預行編目（CIP）資料

持續成功：超越關鍵的一點點，就能獲得資源與好運
蔡壘磊作．-- 初版．-- 新北市
好人出版：遠足文化事業股份有限公司發行，2022.04
ISBN 978-626-95762-7-2（平裝）

1.CST：成功法　2.CST：自我實現

177.2　　111004233

讀者回函 QR Code
期待知道您的想法